# 生存教室
## ディストピアを生き抜くために

内田樹 Uchida Tatsuru
光岡英稔 Mitsuoka Hidetoshi

a pilot of wisdom

目次

## 第二章　古の身体文化　能と武術

# はじめに　「戦争の切迫」というアクチュアルな状況で考える生存の知恵

内田　樹

みなさん、こんにちは。内田樹です。

今回は『生存教室』というタイトルで、『荒天の武学』（集英社新書、二〇一二年）に続いて光岡英稔先生との二冊目の対談集を出すことになりました。

光岡先生から最初にお話をいただいた時は、マンガ『暗殺教室』[*1]（松井優征）を素材にして対談したいということでした。

『暗殺教室』は「人を殺傷する技術に練達すること」と「中学生たちを学校で教育すること」というなんとも食い合わせの悪そうな課題をみごとにスリリングな物語に仕上げた傑作マンガです。ご存じでない方は「学年で一番出来の悪い生徒ばかり集めたE組の中学生たちが自分の担任の先生を殺すことを日本政府から命じられる（期日までに殺さないと地球が爆発する）」という物語の骨格だけお覚えください（そんなこと言われてもマンガを読んでない人は「え？

どうして地球が滅びるの?」「え? なんで先生を殺すと地球は滅びないで済むの?」「え? なんで、一番出来の悪いクラスの生徒じゃないといけないの?」と疑問符がいくつも頭の上に点灯することでしょうけれど、お知りになりたければ、まっすぐ書店に走っていってマンガをお読み下さい。おもしろいですから、決して後悔しません)。

でも、考えてみれば、「人を殺傷する技術に練達すること」と「教育」というのは武道における「師弟関係」のプロットそのものなのでした。吉川英治の『宮本武蔵』や富田常雄の『姿三四郎』や井上雄彦《たけひこ》『バガボンド』など、枚挙に暇《いとま》がありません。これは日本人がもっとも好む定型の一つではあったのです。

「異常なミッション」を通じて、生徒たちの個性を発見し、開花させてゆくという逆説

でも、最初マンガを読んだ時には、『暗殺教室』がそのような説話的伝統のどまんなかに位置する作品だということに僕はまったく思い至りませんでした。まことに皮肉な話ですが、『暗殺教室』では「殺すこと」と「教育すること」のポジションが、それらの伝統的な「武道による成長譚《たん》」とはまるごと逆転していたからです。

物語の舞台である「学校」は僕たちの社会によく見かける「ふつうの制度」です。多少誇張されてはいますけれど、そこでのぎすぎすした人間関係、苛烈《かれつ》な競争、教師たちの非人間的な恫喝《どうかつ》、下位に格付けされた生徒たちへの残酷《ざんこく》な対応などは、いまの中学生が読んでも「よくある風景」だと思うことでしょう。そして、まさにそのような「現実にありそうな学校」がそこに通う生徒たちの生命力を殺《そ》ぎ、生きる意欲を失わせ、可能性の開花を阻害している。

その一方、「先生を暗殺する」というE組生徒たちに課せられた「異常なミッション」を通じて、生徒たちは一人ひとり個性を発見し、それを開花させてゆき、生きる知恵と力を獲得してゆく。話が逆ですね。

現代日本にふつうによくある「学校制度」が実は子どもたちを緩慢に、けれども確実に「殺す」場として暗鬱《あんうつ》に機能しており、逆に、現実には絶対に存在するはずのない「生徒が先生を殺すことをミッションとして課せられている教室」では生徒たちが日々笑い声を上げ、それぞれの個性を尊重し、人間的成長を遂げていく。

この逆説に着目した光岡先生はさすが炯眼《けいがん》の人というべきでしょう。

生徒が放つ弾丸をよける殺せんせー
松井優征『暗殺教室』第1巻第1話「暗殺の時間」より

## 「戦争の切迫」というアクチュアルな状況

現代日本の学校での生徒間の過剰な競争や格付けが、子どもたちを相互無差別的に「お互い（の個性や能力）を殺し合う」関係のうちに導き入れていること、これは学校教育の現場にいたものとしてたしかに認めざるをえません。閉じられた集団内部で相対的な優劣を競うラットレースでは、自分の能力を高めることと、他人の能力を引き下げることは実践的には同義です。そして、費用対効果がよいのはもちろん「他人の能力を引き下げること」のほうです。ですから、合理的に思考する子どもたちは、競争に勝ち抜くために、まわりの子どもたちの生きる力を殺ぐ技法に（いやでも）熟達してゆきます。そうである以上、ふつうの学校のふつうの教室こそがふつうの子どもたちに「暗殺技術を教える」場であるという逆説は、言葉はひどく激しいですけれど、一面の事実を衝《つ》いてはいるのです。

僕自身はある程度そういう事実をわきまえた上で、学校教育をどう補正するかという問題を考えてきました。在職中は教壇に立ちながら、退職後は道場の畳の上に立ちながら、どうやってこのストレスフルな競争から子どもたちを守るかということを考えてきました。

でも、光岡先生は僕よりはるかに遠くまで歩を進められた。ご自身の武学探究の実践を通じて、「先生を殺す」というミッションを与えることが劇的な教育効果をもたらす（ことがある）という危険な真理に触れた。これに僕は虚を衝かれました。

僕の教育論、武道論は弱者ベースのものです。身体能力に劣ったもの、生来虚弱なものの潜在的資質を適切なプログラムによってどうやって開花させるか、そこに僕は関心を集中させてきました。「死ぬか生きるか」という極限状況をどう生き延びるかという問いについては、たしかに考えてきましたけれど、「殺すか殺されるか」というような対立的な極限状況については、想像したこともなかった。まして、それが教育的にどういう意味を持つかなどということは考えたこともなかった。それが「虚を衝かれた」理由です。

「先生を殺す」というミッションがあり、それを完遂するためのあらゆる支援が提供されながら、どのような手立てを尽くしても倒すことのできない先生が目の前にいる。その事実が劇的な教育効果を発揮するということは、考えてみれば「天下無双」を求めて武者修行してきたかつての武士たちにとっては自明のことだったはずです。「命を賭《か》ける」というタイトな条件の下で修行しなければ「命を守る」技術は会得できない。それはかつては武芸を修行する者たち全員に共有されていた集団的合意であった。それを忘れていたというのは、やはりあまりにも長く平和で安全な社会で暮らしてきたことの帰結でしょう。

そして、この対談をしている過程で安全保障関連法案が国会を通り、日本はついに自衛隊員を戦場に送り出すことが法律的に可能な国になりました。けれども、「人を殺す、人に殺される」という対面状況が生身の自衛隊員にとってどういう意味を持つ経験であり、その時、人間の心身はどういうふうに反応するのか、極限状況ではどういう技法によって心身を適切に制御できるのか、そういった技術的な問題について語れる人は、政治家にも官僚にも学者の中にもいません。少なくとも僕はそういう論件を提出した人のあることを知りません。そういう状況に若者たちを投じることのリスクについて、二〇一四年までなら日本人は考えずに済んだ。けれども、今後はもうそれについて真剣に考えなければいけなくなった。たぶん光岡先生が『暗殺教室』を素材に選んで、緊急な対談を要請された背景には、この「戦争の切迫」というアクチュアルな状況もいくぶんかは関与している。僕にはそう思われます。

この対談を通じて、僕は自分の教育論、武道論をもう一度洗い直すことを余儀なくされました。僕がこれまで使ってきた仮説の中のいくつかはこの対談を通じて失効したかもしれません。けれども、僕自身の仮説の当否はこれから稽古の実践を通じて検証するしかありません。

さまざまな豊かな知見を与えて下さった光岡英稔先生と、このような生産的な対談の場を設定してくださった集英社の伊藤直樹さんのご厚意に重ねて謝意を表したいと思います。

＊1　『**暗殺教室**』　松井優征作の少年マンガ。二〇一二年より集英社「週刊少年ジャンプ」で連載。「一年後に地球を破壊する」、それを阻止するには私を暗殺してみせなさい、と私立椚ケ丘《くぬぎがおか》中学校三年E組の担任になったタコ型の謎の超生物「殺せんせー」。この風変わりな先生と落ちこぼれの生徒たちの間で繰り広げられる暗殺と教育をテーマにしたSFコメディ作品。

# 第一章　生存のための文化とはなにか

フィリピン武術カリの説明をする光岡

## 「文化資本」として技芸を考えてみる

**光岡**　前回の『荒天の武学』に次いで、改めて内田先生とお話をしたいと思ったのは、「週刊少年ジャンプ」に連載中の『暗殺教室』を読んだことをきっかけとしています。

**内田**　光岡先生がたいへんおもしろいとおっしゃっていると聞くまで、『暗殺教室』のことは知りませんでした。

**光岡**　ざっと話の筋を説明しますと、舞台は私立の名門中学です。学内の落ちこぼれの集まる三年E組に担任として赴任したのが「殺せんせー」です。タコのような謎の生命体で、生徒たちは政府公認の下、あの手この手で彼を暗殺しようと試みる。にもかかわらず、殺せんせーは自分を殺す方法を生徒たちに懇切丁寧に教えるのです。

殺せんせーは赴任するまでに月の七割方を破壊したり、マッハ二〇で飛ぶなどの能力を用いてあらゆる軍事攻撃を跳ね返すなど、その実力を存分に世界に向けて披露しています。いつでも人類を滅亡の淵に追いやれるだけの実力を備えながら、なぜか生徒が卒業を迎える来年三月に地球を破壊すると宣言しています。生徒たちに地球の命運がかかっており、一年間のうちに暗殺しなくてはならないわけです。つまり最初からタイムリミットがあり、結末が決定されているストーリーなのです。

**内田**　終末が決まっているとは……、なんだか宗教的ですね。

**光岡**　そうなんです。さらにおもしろいのは、殺せんせーは生徒たちに自分を暗殺する方法を教えるだけでなく、学業が伸びるような教育も熱心に行っています。生徒一人ひとりの得意なところを見つけ、伸ばし、磨き、それが結果的に学業につながるように、個別的な指導をするのです。さらにはその才能の開花が暗殺能力の向上にもつながっています。

これは非常に示唆的だと思います。なににおいてかというと武術がいまの社会になにを提示できるか。なにをもって能力の向上とし、また世の中に貢献できるかにおいてです。そこのところを「文化資本」をキーワードに内田先生にお尋ねしてみたいのです。よろしくお願いします。

**内田**　僕自身は技術や学問を「文化資本」という言葉で語るのには微妙に抵抗があるんですけれど、たしかに使い勝手のいい概念ではありますね。もともと、「文化資本」はフランスの社会学者ピエール・ブルデュー[*1]がフランスの階層社会構造の生成プロセスを分析した中で使った概念です。長期にわたる集中的な訓練によってはじめて身につき、それによって自分の所属階層を指示することのできるような知識や技術のことです。欲しいからといって金を出して買うことができるようなものではありません。音楽の趣味とか、美術品の鑑定眼とか、テーブルマナーとか、言葉遣いとか、そういうものですね。後天的に学習することも可能ですけれど、自然に身についた文化資本と、努力して身につけた文化資本はやはり歴然と違う。ブルデューは「文化貴族」というにべもない言い方をしますけれど、たとえて言えば、生まれついての「文化貴族」は自分が見た映画がもたらした身体的な愉悦や感動を記憶しているのに対して、成り上がりの「文化貴族」は自分が見たこともない映画の監督や俳優の名前を記憶している。一方にとって文化は享受するものであり、一方にとって文化は誇示するものである。そこに本質的な違いがあります。「後天的文化貴族」は文化資本を身につけることを切望するという振る舞いそのものによって、自分が決定的に「生まれつきの文化貴族」でないことを露呈してしまうという、けっこう切ない話です。

武術の技法もその意味では文化資本と言えるのかもしれません。お金があるからといって商品として市場で買えるものじゃありませんから。それに、長期にわたる集中的な訓練が必要です。もう一つ重要なのは、なぜその技法の習得を思い立ったのか、どういう師に就いたのか、どういう道友に恵まれたのか、そういった点は実は個人的には自己決定できないということです。「ご縁」に導かれて、気がついたら身についていたという点では「文化資本」の一つにカウントできるかもしれませんね。

## 『暗殺教室』が示す「師匠は支配的である」という真理

**光岡**　文化資本については追って詳しくうかがうとして、まずお尋ねしたいのは、内田先生の道場「凱風館《がいふうかん》」＊2での指導方針です。聞くところによると、門人の方に独立を奨励し、ともかく世の中に合気道を広めるよう勧めているそうですね。それが社会によきことをもたらすという考えがあってのことだと思いますが、そのあたりの話を聞かせていただけますか。

**内田**　ええ、うちは門人たちには「どんどん独立しなさい。自分の道場を開いて自分の弟子に教えなさい」というふうに指導しています。第一の理由は人に教えるということが自分にとってこの上なくよい修行になるからです。弟子を育てようと思ったら、まず技をきちんと身につけていないといけない。教えるというのは次世代に対して責任を負うということです。それがとても重要だと思います。

何十年と稽古《けいこ》していても、自分で道場を持つ気がない人はどうしても稽古に「厳しさ」が足りない。ほかのことが忙しくなってしばらく稽古を休んでも、病気になっても、怪我《けが》をしても、あるいは加齢によって身体の切れが悪くなっても、臓器に故障が出ても、それで困るのは自分一人だからです。誰に迷惑がかかるわけでもない。自分の修行が進もうが遅れようが、技術が正確であろうが雑であろうが、それによって困るのは自分一人です。後輩たちも「あの先輩と組んで稽古するといいことないから」と思えば、近づかない。だから、実害はないんです。

でも、教える側に回ると、そんなことは言っていられない。毎週決まった時間に、決まった場所に、それなりのコンディションで立たなければならない。二、三人の初心者相手の道場であっても、自分の生活のリズムと心身のコンディションを恒常的に維持しなければならない。その負荷は大きいですよ。雨が降ろうと槍《やり》が降ろうと、這《は》ってでも道場にたどりつかなければならない。その責任感だけでも稽古に対する気構えがまったく変わってしまう。

だから、門人たちには道場を開いて教える以上、月謝をきちんと取りなさいと言っています。自分の技芸のレベルが低いからお金なんか取れませんとか、安くていいですというようなことを言っていると、そのレベルに居着いてしまいますから。

**光岡**　たしかに教える立場になって初めてわかることもありますね。

**内田**　「うちは門人をどんどん独立させています」と言うと驚く人もいるんです。「それだと凱風館の門人が減るのでは」と思うからでしょう。でも、僕はそんなふうには思ったことがない。できるだけ合気道の指導者を増やしたい。僕には理想のプランがあるからです。韓氏意拳[*3]を教えていらっしゃる光岡先生にはたいへん申し訳ないのですが、僕は地球上の七〇億人全員に合気道[*4]を稽古してほしいんです。人類すべてが合気道を稽古するようになれば、戦争もなくなるし、争いもなくなる。みんなが傍らの人たちとどう共生するか、どうやって共同的な身体を形成するか、それに工夫を凝らしてもらえたらと思っています。そのためには合気道を教える人はいくらいても足りないです。ですから、できるだけ多くの人に合気道を修行してもらい、かつ独立して広めてほしいと思っています。

**光岡**　なるほど。ついでお聞きしたいのは、教える立場になった途端、生徒の実力を上げるようにしないといけない、という問題が出てきますよね。では、実力とはなにか？　いったいなにを教えることが実力の向上になるのか？　についてはどうでしょう。

私は一九歳でハワイへ渡り、それからずっと指導者の立場でした。最初は大東流合気柔術[*5]の岡本正剛《せいごう》[*6]先生にお話をいただき大東流合気柔術を看板にワイアケア・レクリエーション・センターというところで指導を始めました。少し長くなりますが私のハワイ時代の武術環境についてお話しいたします。

大東流合気柔術の稽古は一七時から一八時半までで、あとは二〇時から二一時ごろまで光岡道場の研究稽古会でした。研究稽古は、大東流とは無縁の、組手あり、乱取りあり、手合わせありという内容でした。同時に、居合の研究、剣術の研究、中国武術の研究も並行して行い、ついには道場生がやっている流派の研究なども手がけていました。

ハワイは世界のさまざまな地域の武術が集まっており、交流も盛んでしたから、参加者の大半が「道場生」と呼んでよいのかわからない強者ばかりでした。

たとえばハワイでは一、二を争うテコンドーの有段者にして、シラット[7]とカリ[8]の遣《つか》い手でもあるピートや、サイトウリュウ忍術[9]の遣い手であるクリス。カリの名手にして、スパイクなどの飛び道具から弓矢まで使いこなすチャッド。アメリカにおける合気柔術の第一人者であるバーニー・ラウ[10]の高弟のグレン・コンドー。サイトウリュウ忍術に加え、猴拳《こうけん》[11]を得意とするヘイスティング。琉球《りゅうきゅう》空手、琉球古武道にも長《た》けている空手家のスティーブ……。

彼らはみな年上でしたし、ハワイでは著名な武術家ばかりでしたので、そんな人々に囲まれるという環境では、まったく気が抜けず、稽古する上でたいへんよい強制力になりました。

それに加えて、週に三回ほど和道会[12]の道場にも指導に行っておりました。私は和道会の和道流空手を日本にいた時に稽古し、段位を取得していたので、その道場主から教えにきてくれと

1996年頃。ハワイで大東流合気柔術を指導する光岡

頼まれたのです。

**内田**　すごいですね。

**光岡**　『荒天の武学』でも触れましたが、どちらの道場でもみなさん簡単に手を合わせてきますので、おかげでさまざまな武術の戦い方を知る機会にもなりました。

とにかく私が日本で経験してきた武道、武術、格闘技とは文化が違いすぎて正直驚きました。たとえばケンポーやカジュケンボーという流派では道場でふだんから金的攻撃を練習しております。こういう流派では「目潰《めつぶ》しは危ないので金的をまずは狙《ねら》いましょう」という教えを実際の組手や乱取りの時に実践していますので、地元の大会で審判の説明会がある時は〝本日のルールは“Groin shot is open”（金的攻撃あり）で行います〟といった説明は普通でした（ちなみに「ファール・カップは自己責任でお付けください」でした）。おかげで私も金的攻撃＝有効ポイントのルールを初めて経験することとなり、一事が万事「その場でどうなるか」というシチュエーションが日常でした。ですので、同門の中だけだと陥りがちなバーチャルな稽古になる心配は比較的少なく、私にはよい稽古場となりました。

そんな環境の中で一九歳の時から鍛えられ、二〇代のある時期には「いったいなにができるようになることがその人の〝実力〟になるのか？　かりになにが武術における〝実力〟かがわかったとしてもそれは人に伝え教えられるものなのか？」などと悩んでおりました。そして実は、このあたりの問題は『暗殺教室』の設定と重なってくるのです。

殺せんせーは生徒たちに、自分の殺し方を徹底的に指導します。先生を殺せるような実力を身につけさせようとしますから、当然ながらいつでもどこでも襲っていい。むしろちゃんと仕留めないと地球が滅ぶわけです。

先生によって導き出された能力や培われた実力の証《あかし》は師匠を殺すことにあります。そこにいたらなければ自らの死を覚悟しないといけない。そういうシビアさがスタート地点にあるのです。これは武術であり教育の根本ですよね。つまり師の務めはなにかといえば、いずれ弟子が自分を超えることを前提に教える。そこにあるわけです。

**内田**　弟子が自分を超えるように教えるというのは教育の基本ルールじゃないでしょうか。教え子がすべて教師を超えた先生がいたとすれば、その人は教師として理想的な成果を上げたと言ってよいと思います。ただ、三十年以上教師をしていた経験から言うと、教え子に「なめられ」たら、教育は機能しない。やはり、弟子から見ると「底知れない人」「自分をはるかに超えた知識や技能を持っている人」と思われないと弟子の側の学ぶ意欲そのものが亢進《こうしん》しない。だから、「うちの先生はすごい」というふうに思われ続けている必要がある。それは「錯覚」

でも「ひいきの引き倒し」でも、教育的には構わないと思います。弟子が全員自分を超えるように導くということと、弟子に「先生ははるか上のレベルにいる」と思わせるということ、その両方の条件を満たさないと教えるという作業は効果的に成就しない。まったく相反する要請に同時に応えなければいけないわけで、その按配《あんばい》がたいへん難しい。でも、どうしてもまず「先生はすごい」と思わせるところに力点がおかれますね。出会い頭に一発かまして、「おおお」とのけぞらせるということをしないとうまくゆかない。その「おどかし」術に教師は気がつかないうちに熟達しちゃうんですよね。

**光岡**　意図的な場合もあるでしょうが、潜在的にやってしまうのでしょうね、きっと。

**内田**　そうです。動機が善意であるがゆえにかえって抑制が効かないんです。地力のある教え子の場合だと、なかなか「出会い頭のおどし」が効かないこともある。そういう時に、気ぜわしい先生は自分が上だということを思い知らせるために、たとえば、わずかなミスを咎《とが》めていきなり激怒したりする。本人としては善意に基づいて教育的指導をしていると思っているから、歯止めが効かないんです。

でも、実際はどうかと言うと、弟子を怒鳴りつけたり、心理的に追い込んだりする教師は、それを自分の威厳を保つために無意識にやっているんです。そういうふうに理不尽に叱《しか》られたり、していることを頭ごなしに否定されたりすると、困惑した弟子の中には挫《くじ》けてしまう者も出てくる。そのせいでせっかくの才能が開花しなかったとすれば、これは教師の側の落ち度だと言わなければならない。

**光岡**　そういう人を相手に反抗したところで弾かれたり、潰されたりして終わりでしょうね。

**内田**　ですから教育システムを適切に作動させるのは難しいんです。教える側と学ぶ側の間にはレベルの違いがなければいけません。これはあらゆる教育の前提になります。けれども、この「レベルの違い」を生産的に機能させるためにはそれなりの技術が必要です。

**光岡**　武術の難しいところは、術技の性質としてすごく支配的に振る舞いたがるところです。支配的でないと自分がやられますから。やられないためには他人を支配しないといけない。向こうが自分より大きな支配力を持っていたら、こちらは屈するしかないからです。

でも、そういった「支配する・支配される」という関係性は、かりに私が支配されているとしたら、支配されている側の私の中にも、「支配したい」という願望があり、それを認めるから支配関係が生じてしまう。つまり私が「支配したい」と思い、それを認めるということは一方において、他者による支配も認めざるをえないわけです。突き詰めていくと本能や個体としての種の保存に関わってくるので、そこについては、私自身、明確な答えを持っていません。

けれども、ここは武術を伝えていく際に重要なところです。それを従来の武術界はあまり真剣に考えてこなかったのではないかと思います。私の中に「殺せんせーぐらいの支配力を持ちたい」という自分がいます。そこは嘘《うそ》はつけません。

しかしながら、かりにそういう支配力を私が持ったとして、どう振る舞うかは、自分で自分をよく観ておかないといけないと私は思っています。支配者がわがままになったらお互いにけっこうたいへんですからね。ただ、私自身、私のウィークポイントについてはある程度は皆に目をつぶってほしいと思うところはあるんですけどね。「光岡先生、本当によく物忘れるし、いつも道をまちがえる」とか。個人的には上の人間のそういうところはしようがないので許してほしいですね。殺せんせーも女の子のグラビア好きとかそういう設定もありますし（笑）。

**内田**　そういうのって、教師には必要な点ですね（笑）。たしかに教師は教え子に対して支配的な力を揮《ふる》う。そのほうが教育においては効率的なんでしょう。ただ、僕自身はあまり支配・被支配という関係では考えたくない。生徒が持っている潜在的な可能性をどこまで開花させるか、それが教育の目的であるわけですから、教師が支配的であったほうがその目的の達成に有用であれば喜んでそうします。でも、あくまでそれは方便なわけであって、ほかのやり方でも教育の結果が出るなら、別に必ずしも支配的である必要はない。

喩《たと》えるなら、庭師が花を育てるようなものです。陽はちゃんと当たっているか、栄養は足りているか、水はどうかと気を配る庭師はたしかに花の運命を支配しているわけですけれど、「オレはお前たちの生殺与奪の権利を持っている。オレはおまえたち草花を支配している」というようなことを花に向かって誇ったりはしませんよね。だって、花と闘っているわけじゃないんですから。こちらの願いはただ一つ、「きれいに咲いてね」とか「熟れた果実をつけてね」ということなわけです。庭師の花に対する生殺与奪の権利は、花を「活《い》かす」ためにのみ限定的に用いられるわけで、「枯らす」ためには決して用いられない。

どうしたら弟子たちの可能性が開花するか、そのことを純粋に技術問題として捉《とら》えるなら、できるだけ大きな「位」の差があるほうがうまくゆく。これは間違いありません。「先生は私たちの知らないことを知っているし、私たちのできないことができる」という信憑《しんぴょう》の枠組みで臨んだほうが圧倒的に教育の効果が高い。これは事実です。そのほうが効率的に弟子たちは進歩する。「僕もまた君たちと同じ求道者であり、君たちとの間にたいした差はありません」と言うのは……。

**光岡**　嘘ですね。

**内田**　そう本気で思っていても、教える人間が口にしてよい言葉ではありません。ときどき

「私のことを『先生』と呼ぶのをやめてください。私はそんなふうに呼ばれる資格のない人間です」とか言う人がいます。本人は正確を期したいのかもしれないし、謙虚なのかもしれませんが、教育者としては口にしてはならない言葉です。

**光岡**　それが嘘だというのは、結局のところ先生が教室に入った時点で、要は先生という存在が、みんな殺せんせーだからです。

**内田**　そうです。

**光岡**　教師は圧倒的支配力を持っています。それが前提に成り立っている仕事です。あとはその支配力に対する自覚の問題だけです。

## 「支配的である」ということと「支配すること」の違い

**内田**　教師は教え子たちを支配しています。構造的にそうなのです。ですから、その自覚がありながら、他者を支配することを教育の目的にしない人が「庭師」的教師になるのだと思います。

ただ、支配というのは実に多様な形を取るんですよね。外形的にはまったく支配に見えない形で人を支配しようとする人は本当に多い。大学院生のころ、学習塾の講師のバイトをしていました。そこの塾長が一〇歳くらい年上の人で、なかなか豪放磊落《らいらく》な感じの人でした。第一印象は親しみやすそうだし、口の利き方もフランクだった。でも、しばらく働いてみたら異常に支配欲の強い人だということがわかってきた。

たとえば、講師に向かって、「塾のあり方について、みんなともっと突っ込んだ話し合いがしたいんだ。今日はこれから残って、ビールでも飲みながらとことん話そうじゃないか」と言い出した。こちらはまあ塾のありようについて意見を聞いてくれるのはありがたいし、ビールも飲ませてくれるというから、「話のわかる人だな」と思うじゃないですか。でも、出たのはビール一本と柿ピーだけ。それだけで三時間くらい居残りさせられた。その三時間、彼はずっと喋《しゃべ》り続けているわけです。教育について実に熱く語る。居残りさせられた講師たちはかなりうんざりしているんだけれど、話が教育はどうあるべきかという真剣な話題なので、席を立つわけにゆかない。

**光岡**　そういう人は一見すると教育熱心ですよね。

**内田**　そうなんです。言うことは熱情にあふれている。「お前たちと一緒になってこの塾で理想の教育をしよう」と言われるとなんとも反論しにくい。そういう「正しい」教育的情熱と前向きのエネルギーを出しながら、彼は講師たちをどんどん支配していきました。
　まずは単純に人の時間を支配する。こちらは時給一〇〇〇円に満たないくらいのバイトですから、終わったらさっさと帰りたいじゃないですか。けれども、「内田君、ちょっといいかな」と呼び止められると拒《こば》めない。教え方の適否から、子どもたち一人ひとりの評価から、まず一時間熱い語りが続く。そのうちに夜にも自宅に電話がかかってくるようになった。「内田君、ちょっと相談だけどさ」でまた一時間。とにかく気がついたら、ほとんど毎日のように彼の話を聞かされる立場になっていた。そのうち、家に夜電話がかかってくると、びくっとするようになりました。聞いてみたら、ほかの講師も同じ目に遭っていました。

**光岡**　本人も止まらないんでしょう。

**内田**　見た目は小太りで服装も適当で、些事《さじ》にこだわらない豪快な人物に見えるし、言うことは「僕は子どもたちが大好きなんだ」の一点ですから、こちらの自己都合で話の腰を折ることができない。でも、彼の発散しているエネルギーがこちらを弱らせる。そのうち、彼が「いい人」ぶっているのは、そうしている限り他者が彼の支配を押し戻せないからだということがわかりました。彼を駆り立てているのは、「他者を支配したい」という圧倒的な願望なんです。そのためにもっとも効率のよい方法が教育的情熱を過剰に誇示することだった。彼の支配力が強まるにつれて、塾の講師たちはしだいにおどおどするようになり、そのうち彼に声をかけられると怯《おび》えるようになる……それを見て、たぶん彼は楽しんでいたんだと思います。

**光岡**　厄介なのは、自覚がないまま人を支配していることです。教師という存在は支配的であるのですが、殺せんせーはこれを最初に明言し、徹底します。放っておいても教室では教師は絶対的な支配者になります。殺せんせーは「そのことに自覚があるかないかだけだ」と教育のあり方の内幕も見せています。

その上で支配的である先生が徹底的に自分の超え方を彼らに教えている。その教え方が絶妙で、本人が見えないブラインド・スポットに自分で気づくように諭してあげている。

たとえば、理科がすごく得意な生徒がいて、彼女は先生を殺すために毒薬を懸命につくっています。だけど「先生、飲んでください！」となんの工夫もなく、毒薬（水酸化ナトリウムや王水）を飲むようお願いし、殺せんせーは、そんなことくらいでは死なないので、素直に飲んであげます。本来ならば暗殺する際、相手が自分に都合のいいように従ってくれることなどないわけです。しかし、理系の彼女は、科学的な法則性や原理は絶対的な化学式や数式があるのでわかるけど、国語のように複雑な感情表現を用いる言葉の良し悪しの正解がなんだかわからなくてE組に落とされた女の子なんです。そこで「君に足りないのは（相手を騙《だま》すための）国語

松井優征『暗殺教室』第1巻第7話「毒の時間」より

奥田愛美に理系文系を超えた国語力の重要性を伝える殺せんせー

力だ。そこをもう少し磨きなさい。そうすると理科と暗殺にも活きるから」と殺せんせーが諭し、彼女が「そうなのか」と自分の盲点に気づくのです。

**内田** なるほど。それはうまいやり方ですね。支配的であると同時に個性に光をあてている。

**光岡** 対照的なのが、政府から派遣されている鷹岡《たかおか》明という自衛隊員の体育教師です。この人は生徒たちの好きそうな菓子をたくさん買ってきて関心をひきます。そして「オレたち家族だから」「オレはお前たちの父ちゃんみたいなもんだ」と言い始める。これが誘い文句です。やがて「お前たち、父ちゃんの言うことが聞けないのか?」にちょっとずつなっていく。実は彼はものすごい暴力教官で、自衛隊にいたころも「仲間だ」と言っておきながら、部下を酷《ひど》い暴力で捩《ね》じ伏せていました。一見すると「家族だ」「仲間だ」と親しみやすいことを言うのです。

比べて同じく派遣されている担任の烏間《からすま》惟臣《ただおみ》は無愛想で生徒に媚《こ》びはしない。けれども嘘は言わないし、そのままの自分として接する。そういうキャラクターが登場するところも『暗殺教室』を好きな理由です。

**内田** 愛情表現が豊かで、それこそ「オレが父ちゃんだ」みたいなタイプは教師にけっこう多いです。「みんなオレについて来い」「オレがみんなの面倒を見よう」と言うのだけれど、僕はこの手の「ものわかりのよい親父タイプの教師」に対しては経験的にあまり信用がおけないですね。というのは、反論しようがないから。「お前たちのことを本当に気づかっているんだ。理解したいんだ。愛しているんだ」と言われると、子どもは反論できない。その場から逃げられない。そういう「反論の余地なく正しいこと」を言い続ける教師というのが、本当に子どもを育てたいと思っているのか、自分の支配下に留め置いて、そこから逃げられないように呪縛しているのか、その見きわめは難しいです。

でも、そういう人といるとこちらが疲れてくることがある。「いい人」といるはずなのに、どんどん疲れが蓄積してくる。思考の自由がしだいに奪われて、その人の指示以外のことができなくなるなら、それは実は「育てたがっている教師」ではなく、「支配したがっている教師」だったということです。

**光岡**　そうですね。武術の世界にもいます。少なくないですね。フレンドリーな家族愛的な関係を用いての〝支配〟は。

**内田**　いますね。「教えてやるから、ちょっと居残り稽古しようか」と言って、教えることを通じて相手をどんどん下手にしていくような先輩って、本当にいますから。善意なんですよ、主観的には。でも、それ以上に「他人を支配したい」という強い権力意志がある。特に、道場の外の社会生活で社会的威信が満たされないタイプに多いように見えます。他人に命令したり、教えを垂れたりする立場にいたいのだが、外ではそういう地位を与えられていない。そういう人が、欲求不満を道場で解消している。

**光岡**　それは弱者の支配願望の現れだと思います。弱さの裏にあるのは、「物事を支配して自分の思う通りにしたい」。この思いが必ずあります。自分の中を観ていてもそういう弱さがあるのはよくわかります。そもそも、弱さの自覚のない人が武術をやるわけないですから。

**内田**　「オレは強い」って思ったら武術なんてしないです。

**光岡**　そうですよね。だいたい私がこれまで見てきた強い人は、武術をやってない人ばかりでした。

**内田**　『荒天の武学』でも触れていたハワイアンやサモアンですか？

**光岡**　彼らもそうです。バットで後頭部をフルスイングで打たれても、「ちょっと殴られた」としか思っておらず、ケンカを続行したり。けっこう大きな体で川原の濡れた岩をひょいひょいと飛んで渡るだとか、身体能力の傑出した人がいました。また、ハワイにいた人の中ではまったく無名の素人でも、本当に生の力がずば抜けている人も何人かいました。たとえば合気道の大先生《おおせんせい》*13が手を取られて一番手こずった素人の一人が、たしか東北の漁師だったと聞きました。まったく武術の心得などない人だったそうです。

内田　その話は知りませんでした。

光岡　同門か同流派の武術、武道をやっていない人だと、こちらとの共通言語がないから技がかからないこともあります。

## 生存装置としての文化資本

光岡　最近気づいたことがあります。一般的には技がかかるとか、かからないとか、とかく技そのものが単体として成り立っているように思えます。でも、実はそうではないはずです。古《いにしえ》の技は古の身体があって初めて成立したはずです。つまり技以前に最低限の基礎的な身体や力が武術には必要で、それは当時の生活様式と深い関わりがあります。

たとえば、戦前に撮影された山形県庄内の農婦たちの写真があります。彼女たちは米俵五俵を担いでいます。米俵一俵が六〇キロですから総量三〇〇キロです。ウエイトリフティングをやっている人に言わせると「信じられない」そうです。現代人にとっては一俵担ぐのも難しいし、さらにそれを背負って長い時間歩くのも困難でしょう。そもそも一俵がなぜ六〇キロになったかご存じですか？

内田　いや、知らないです。

光岡　明治初期に記された文書にこうあります。「誰にとっても肩に担げる持ち運びやすい重さが六〇キロだから」。

内田　そう言われても、「はい、そうですね」とは言えないですね。実感できませんから。

光岡　私のところで稽古している人がこの話を聞いて「初めておじいさんの話が本当だと信じられた」と言っていました。彼のおじいさんが若いころ、友だちの家に遊びにいったそうです。屋敷には米蔵があって、その友人は「持てるだけ持って帰っていい」と言った。そしたらおじいさんは二俵担いで二時間くらいの道のりを歩いて帰ったそうです。彼はその話をてっきり嘘だと思っていた。その当時の普通がいまでは信じられないからです。

古の武術を学ぼうとするなら、その発生源である時代の生活様式や生活観の形態を見直す必要があります。アベレージの前提の違いから入らないと技そのものにいたれない。技を用いるための身体がないのに古の術や技をどうして求められるでしょうか。そうはいっても江戸時代の人にとって米俵一俵が軽かったわけではないと思います。

内田　軽々と担いでいたわけではない？

光岡　持ちやすくはあったけれど、決して軽かったわけではないでしょう。そのことに気づい

「五俵担ぎ」庄内米歴史資料館蔵

たのは、宅配便の方との会話でした。

先日、宅配便を自宅から発送する際、けっこうな重さになってしまい、宅配サービスの方に「ちょっと重いですから気をつけてください」と言ったのです。すると「重たい荷物は重く持てば大丈夫なんですよ」とその人は返したのです。彼が言うには「この仕事を始めたばかりの新人は重たいのに軽く持とうとし、重さをなめるから怪我をしてしまうんですよ」。それに「なるほど！」と得心したのです。

重いものをいかに軽く担ぐようにするか。昔の人はそういうコツなり工夫があったのだろうとつい思いがちです。しかし、この考えは、現代人の便利さを求める心理に重ねて思いついた発想かもしれません。

かつては「重いものは重く」「軽いものは軽く」持ち、その重みと軽さがある中で「重みの中にある軽さ」や「軽さの中にある重み」を感じていたと思います。ですから米俵五俵を担ぐ農婦も「重いものは重く」「軽いものは軽く」というふうに、重さや軽さに対する身体の理解とそこから生じる重さや軽さへの尊重があったのではないでしょうか。

**内田**　トラックもない時代ですから、一俵くらいなら担いで歩くのは普通だったんでしょうね。現代人の身体はそのことをもう普通だとは感じられなくなっている。それが普通に感じられる身体にまずならないといけないわけですね。

**光岡**　それが文化資本に関わってくるのではないかと思います。つまり身体なり身体観を支える古の時代における「生活文化・生活観」という素養を見出すことで初めて現代において学ぶための準備ができる。その中でさらに古の時代に成立した武術という特殊な分野に自分を持っていくわけです。ただ米俵が持てるからといって武術ができるというのではなく、とりあえず体だけは前提となる水準に立てただけのことです。

**内田**　身体観がまるで違うわけですからね。

**光岡**　原初的な武術が示すところを見る限り、古と今とでは身体観が相当違ったのだろうと思います。実際、六〇キロの米俵もいまではお店で売られているものはせいぜい三キロから一〇キロ程度の袋詰めが標準になり、米屋で扱う袋でさえ一番大きいもので半分の三〇キロですから。それもたいていは車で運びます。身体の違いが如実にわかる画像はほかにもあって、子ども四人ほどをたらいに入れて、頭の上に乗せている写真もあります。

**内田**　拝見しましたが、これはびっくりですね。

**光岡**　この時から百年は経《た》っていません。地方によっては頭に乗せたり、肩で背負う文化だとかあったでしょうが、普通に六〇キロを担ぐことがアベレージとしてあったのなら、当時の人はこれを見ても特殊に感じないでしょう。

**内田**　それにしても、こういう身体性は日常生活の中で形成されるものですよね。

**光岡**　はい。生活で養われています。

**内田**　そういう暮らしの素地そのものがいまは全部失われた。

**光岡**　環境によって体はつくられていきます。私がいま型を重視する理由は、百年前にできた型なら、百年前の身体観や当時の人がみていた世界観がそこに内蔵されているからです。型という環境を使うことで、私たちは百年前にタイムスリップできます。

そこで現代人の身体のまま動いてしまうのか。その型が要求している体に目を向けていくのか。これによって稽古の質がまったく変わってきます。

## 計量できないものの変化と気づき

**内田**　なるほど。お話はよくわかるのですが、僕はそういうことを「文化資本」として考えることにちょっと違和感があります。間違いなく身体についての文化ではあるんですけれど、それと「資本」という言葉がうまくつながらない。

資本は獲得したり、失ったり、増やしたり、減らしたり、人に与えたり、市場で売り買いしたりできるものですけれども、僕たちが稽古を通じて獲得していくものは、商品ではありません。「これです」と取り出して、スペックを示して、適正な代価をつけられるものでもない。「今日は二時間稽古したから文化資本が五ポイント増えた」というような言い方ができるものでもない。「資本」という言葉が持っている定量的な感じとうまくなじまない気がします。

**光岡**　なるほど。たしかに「文化資本」も明治の近代産業化のだいぶ後に浸透した概念ですものね。

**内田**　稽古するとポイントが増えるという発想が、現代スポーツの根本のところにしみ込んでいるような気がします。でも、これは修行する上では本来はありえない考え方だと思います。稽古時間と技量が相関するという発想をすると、ある単位時間のトレーニングが何ポイントに相当するかの「レート」は変わらない。初心者の時に設定した「レート」がそのままずっと適用されることになる。

でも、稽古を始めてみたらわかりますが、「なんのために稽古しているのか」は毎日変わるわけです。昨日と今日ではなにかが変わる。それは腕の筋肉が五ミリ太くなったとか、反応時間がコンマ何秒速くなったというふうに数値的には表示できません。「股関節が自由になった感じがする」とか「なんだか背中の辺りがざわざわしてきた」とか、稽古を始める前にはそもそもそのような身体部位があるとか、そのような身体運用があるということさえ知らなかったことが起きる。そもそもそのようなものを開発する気がなかった能力が開発されるというのが修行のダイナミズムなわけですけれど、これは「目標が達成された」ということとはまったく違う。稽古で何が身についたのかは事後的にしかわからない。あらかじめ目標として掲げて、棒グラフを書いて、稽古ごとに加算してゆくということができない。

**光岡**　そう、稽古したことが、だいぶ後になって見えてくるんですよね。それも予想とはまったく違った角度で。

**内田**　実際にある目標を掲げて稽古を始めるということはあるのですけれど、やってみたらまったく違う能力が発現してきたということがあるわけです。そういう発見が毎日更新されてゆく。自分がなんのために稽古しているのかを稽古を始める前には言うことができない。だから、算術的に稽古の成果を加算するということができない。修行の過程というのはそういうものだと思います。

**光岡**　そうですね。想定内の度量衡が一つだから数値化できるわけです。

**内田**　度量衡が日々変化しているから、数値化できない。生き物はどんどん変化しているわけで、通時的に同一の度量衡で変化を測るということはできないんです。自分がどう変わったのかを測定する「ものさし」そのものを、計量するごとに新しいものに取り替えないといけない。だから、修行の成果を数値的に考量するということは原理的には不可能なんです。

でも、実際には自分の成長とか進歩を数値的に確認したいという欲望はきわめて強い。ほかのアスリートとの強弱勝敗巧拙を競っている場合には、身体能力を測る度量衡が単一であることがどうしても求められる。

でも、生物としての自分の変化を感じ取るためには、絶えず変化を測る度量衡そのものを刷新してゆかなければならない。そのことをなんとかして門人たちには伝えたいんですけれど、やはり強い弱い、勝ち負けにこだわる人は、相手と自分を同じ条件のところに閉じ込めて、単一の同じ度量衡で数値的に優劣を測りたがります。

**光岡**　それは違いますね。そこで明らかになるのは本当の勝ち負けではない。本当の勝敗は自然界の動物の命のやりとりみたいなものです。

**内田**　生き残ることですよね。

**光岡**　そう、それです。だから死で完結する。死ぬまでは勝ち負けはわからない。

## 生き延びるための能力開発

内田　僕もそう思います。困難な状況を生き延びること、まさにそれが生物としての究極の課題だと思います。学校が子どもたちに教えるのは、生きる知恵と力をつけること。生物として強いものにすることです。

ただ、ずっと教師をしてきましたから、僕は着眼点がちょっと違っていて、「強くする」という時の基準が弱者なんです。弱者であることをデフォルトにして、弱者がどう生き延びることができるかということを第一の課題にしている。先天的に能力の高い人間の能力をどうやってさらに向上させるか、才能がある人がどこまでその才能を発揮するかには、実はあまり興味がないんです。そういう仕事はそういう仕事に向いた人にやっていただきたい。僕は先天的にはとても生き延びられないほどの弱者がどうすれば生き延びる力を身につけられるか、そちらのほうに興味がある。

光岡　武の定義はそもそもそこですね。

内田　世の中、圧倒的に弱者のほうが多い。この子たちがどうやって集団的に生きられるかということを考えると、もっとも優先的に開発すべき能力は、危機の切迫を察知して、そこから逃げる力ですよね。

**光岡**　はい。逃げられるうちはそれも有効です。

**内田**　子どもたちは闘うだけの力がない。そうであれば、とにかく危機に遭遇するはるか手前で危機の切迫を感知して、大きく迂回《うかい》して逃げてゆくほかない。これは未開社会の時代から必ず大人たちが子どもに教えたはずです。

周囲に野生獣や毒蛇や毒虫や、あるいは泥沼とかクレヴァスとか危険なものがある。禍《わざわい》をなすものが子どもたちにどういう形で襲ってくるかはわからない。でも、種類にかかわらず、危険なものが切迫してきたら肌が「ざわっ」とするはずです。生物であれば、自分の生命安全を脅かすものの切迫を必ず感じ取れるはずだからです。その時はとにかく逃げる。逃げる方向も、その「ざわざわ感」が減少する方向を選んで逃げる。轟音《ごうおん》を立てている「アラーム」の鳴動が小さくなるように、姿勢を変え、向きを変える。そういうことは三歳ぐらいの子どもでもできるはずですし、それから後は体系的に訓練できるはずです。

僕は合気道の稽古でも、危機の切迫に対してアラームがちゃんと鳴り、危機が遠ざかればアラームの音量が下がる、そういう感度のよい身体をつくることを最優先の課題にしています。

それなら、どんな小さい子どもからでも教えることができるし、老人でも、運動能力がどんなに低い人でも、その能力は開発できる。それによって生き延びる確率が高まる。そういう能力開発に僕はフォーカスしています。

**光岡**　サバイブする一つの方法として、それもありだと思います。

**内田**　光岡先生みたいな先生が身体能力の高い人たちを集めて、さまざまな技術を高度化するための道場と、怖いものが接近した時に逃げる稽古をするための道場。これは矛盾しないはずです。

**光岡**　そうですね。ただ、私はさまざまな武術を世界中で見てきたのですが、稽古の内容やあり方は近代と前近代では大きな違いがあったのだと感じます。それは「整えられた社会環境」で稽古できるようになったということです。

整えられた社会環境の中で道場へ通い一定の技や型を稽古する。その流派や道場での技や環境に対してすごく敏感になりはするけれど、実はそれは「整えられた環境の条件や状況設定」に対して敏感なだけであって、それ以外の局面になるとけっこうもろいのです。他流とやったらそれが明確になります。他流では自分の流派に対する敏感さ、常識が通用しないわけです。自分の流派ではすごく敏感な人が、それ以外の流派ですごく鈍感になったりする。自分は敏感だと勘違いし、自らの想定と見識の枠内で過敏に反応するイエスマンになるか、自らの流派の技術にしか反応できない鈍感さを感度よく養ってしまうこともあります。

しかし、凱風館のスタンスに感心するのは、内田先生が向かおうとしている試みは明確なのに、私を定期的に道場に招いていただいていることです。他流といった、合気道とは異なる文化や環境を習おうとされる理由もそのあたりにあるのかと思います。つまり近代武道の落とし穴があるわけですよね。ある武術はすごく上手だけど、別の武術を相手にやってみたら意外と勝手が違いまったく受けきれなかったとか。

**内田**　そうですね。

**光岡**　あるところではすごく敏感になるけれど、その分だけ鈍感になる。生き残るための感度を上げていくのが目的であれば、武術の観点から見直すことは避けられません。

なぜなら、人は習慣的な動きに対して敏感だからです。習慣性の強い環境の中で生きていると、それに対しては適応能力が高くなるけれど、別の環境に放り込まれると適応能力がなくなったりする。武術の道場とか型もある種の環境ですから。そこを工夫する必要があるのではないかと思うんです。

## 弱者が生きる能力を伸ばすための二つの環境設定

**内田**　僕はこの道場をつくるにあたって、日本でもっとも快適な合気道専用道場にしようと思いました。ふつうの武道の道場は、だいたい畳はビニール製ですよね。丈夫だけれど、滑りが悪いので、回転の多い合気道だと膝に負担がかかる。もちろんエアコンもない。琉球表の畳とエアコン完備という環境ですから、凱風館では、ある意味みんなすごく甘やかされた環境で稽古していることになります。でも、僕は初めからそれを狙って道場を設計したんです。まず緊張感を取り去ること。暖かくて、手触りのやわらかい雰囲気をつくりたかった。道場が汚れているとか、触れると痛いとか、そういうストレスを全部取り去った状態で、どこまでも身体の感受性を解放しても不利益をこうむらない、そういう低刺激環境を設定したほうが才能は伸びる。これが三十年にわたる教育実践の結果としての僕の実感なのです。

**光岡**　ストレスレベルが低くなるように設計されたのですね。

**内田**　そうです。ずっと激しい騒音がしているところとか、悪臭がするところとか、床がごみだらけで触れると気持ちが悪いとか、そういう環境では、どんなに素晴らしい先生が来て稽古しても、身体はなかなか開かない。不快な環境とか刺激の強い環境だとどうしても身体が閉じてしまう。僕はとにかく身体感受性の感度を上げてほしいわけです。毛穴が広々と開いてほしい。だから稽古のために低刺激環境をつくったのです。

強者はどんなところでも稽古できるでしょう。けれども僕が想定しているのは平均よりも身体能力の低い人たちです。その人たちがどうやって自分の持っている身体資源を開発して、潜在可能性を開花させられるか、そこに凱風館は目標を設定しています。

こういうゆるい環境を設定していると、ストレスのきついところに行ったら対応できないかもしれません。でも、自分自身の身体の可能性を信じていない人が心と身体を開くためにはどうしても必要な環境なのです。

**光岡**　いまの社会形態の中だと、そういう方法もありえるでしょう。同時にそれだけではない異なる方法もあるかなと思います。

たとえば私がハワイに住んでいた時、最下層の住む貧困地区に二年ぐらい住んでいました。ハワイなので気候はいいので、貧乏といっても困るのは、お金がないだけ（笑）。

**内田**　スラムみたいなところですか？

**光岡**　ええ、ハワイアン・ホーム・ランドと言って、ネイティブのハワイアンの血が半分以上ないと住めない地域で、ネイティブアメリカン・リザベーションみたいなものです。そこに居たある家族と二年ほど一緒に住んでいました。そこの子どもたちは、みんな異母兄弟という家族でした。この人たちがさっきから内田先生の言っている弱者です。学校の成績もよくないし、見るからに弱い子たち。

でも、住んでいるうちにわかったのは、誰しも環境によってそれなりに逞《たくま》しくなっていくことでした。汚いし、誰も掃除もしない。そんなところでも地べたに座る。

ご飯を食べる時は、親戚だとか従兄弟《いとこ》の兄弟だとかもう誰が誰なのかわからないくらい人が集まってきます。人がいっぱい来て、家の中に入りきらない時などは外の地べたに腰を下ろして食事をしたりするわけです。ハワイは気候もよく、もともと彼らは野外が好きということもあるかと思いますが。とにかく決して衛生的というわけではないのですけれど、そういった環境の中でもちゃんと自分たちの道を生きている。

子どもたちは、勉強はできないけれど、ブレイクダンスがうまかったり、洞察力が優れていたりしました。そういう逞しさは最初からあったわけではないと思います。人は環境の厳しさによって逞しくなりもする。ただ、その厳しさはちょうどいい感じでないと簡単に潰されてしまいます。

**内田**　たしかにそうですね。

**光岡**　そこの家族の兄弟が象徴的で、大きく道を踏み外しＦＢＩにつかまってしまいました。そっちの世界でもビッグネームになっていたようです。兄はボクシングもゴールデングローブ（全米アマチュアボクシング大会）のチャンピオンになるぐらい実力はあったけれど、かたぎの道からは外れてしまいました。そういう兄を見て育った弟はと言うと、父親が働いていた魚市場でまじめに働いていました。同じ環境で二人は育ったにもかかわらず、なぜ弟はアンダーグラウンドの世界に行かなかったのか。これが原因だと言える理由はわかりません。一つ言えるのは、歩んだ道は違っても、みんなそれぞれ逞しかったということです。衛生的には最悪だし、教育環境も最悪。そんな中でも生きていた。

**内田**　先生が言われることもわかります。ずっと日本で普通の学校教育を受けてきた子がいきなりハワイアンの貧困地区に放り込まれたら、それはたいへんです。適応は難しいでしょう。

でも、日本の学校の教育環境が厳しくないかといったら、それはそれでやっぱり相当シビアでしょう。冷暖房は完備されて、衛生的で生存には問題なくても、それこそ『暗殺教室』で描かれているヒエラルキーが社会の中に厳然とあります。落ちこぼれたくない、エリートになりたいという競争がやっぱりあるわけです。

与えられた環境を疑わず、馴《な》れてしまって、そこでのランキングの上を目指す。それで順調な人生を送れるかもしれません。けれども、それが可能なのは安全で豊かな社会においてだけです。社会がある日突然「ジャングル」になって、そこで生き延びるためには出世するために必要な才能がなんの役にも立たない、ということはいつでもありえます。

## 「B、C、D組」のための兵法

**内田**　人間社会のモードには平時と非常時というか混乱期があると思います。

**光岡**　晴天と荒天ですね。

**内田**　そうです。晴天時の社会情勢に最適化し、出世したり周囲から高い評価を受けたりして権力や財貨、文化資本を集める能力と、激動期の荒天とか移行期に生き延びるための能力というのは、まったく違うものだと僕は思います。そして、人間は生得的にどちらかの傾向を持っている。知識や技術を身につける過程で、順調に出世するキャリアパスを選ぶか、非常時でも生き残る力を育てるのか。どちらかに決まっていると言うと言葉が強過ぎるかもしれませんけれど、この傾向はかなりはっきり個性に刻印されているような気がします。

**光岡**　３・11で震災が起きて原発が吹っ飛んだという環境になった時、それまで福島の中学高校から近辺の大学へ行って地元で就職してといったコースを思い描いていた人たちの中には、それが全部かなわなくなってしまった人もいる。こういうことが現実にあるわけです。

平時と非常時の別なく、自分のいるその時をどう生きていくか。そういう力がないと生きていけません。生きる力はどんな世であれ、やっぱりベースに必要です。

**内田**　そうですね。ただ、自分の手持ちの資源を平時か非常時か、どちらに優先的に振り分けるかの選択は実は誰もが無意識のうちに行っていると思います。平時モードで効率よくキャリアを積むか、社会の仕組みが崩れた場合に生き残れるための能力開発に重点をおくか。たとえば平時モードの場合だったら、自分を頼ってくるような友だちはいないほうがいい。邪魔になりますから。「あなたが頼りだ」としがみついてくるような人たちとのしがらみは斬り捨てて、自由に住むところを変え、職業を変え、思想を変え、そのつど自己利益増大に最適な生き方をする。平時モードは基本的に「ラットレース」ですから。

**光岡**　そういうものなのでしょうか？　かりに社会が壊れてインフラが壊滅しても、生きるためにはそれこそ原始的な火おこしだとかで、毎度のご飯を炊かなくてはいけない。そういう環境になったとしても、多くの人は少しずつまた平時の社会をつくっていくでしょう。

その際、もっとも社会の担い手になるのは『暗殺教室』でいうとエリートのA組か落ちこぼれのE組かの少数派ではなく、間のB、C、D組の人たちです。この人たちのための兵法や生き方の提示も大事だと思います。いわばいまの社会の中でどうしようもなさを抱えて、内田先生のところに来て合気道を学ぶ人もB、C、D組が多いのではないでしょうか。

**内田** そうでしょうね。合気道を選ぶ人はD組ぐらいかもしれない。

## 乗馬でよみがえる古の身体

**光岡** A組を目指してそこに入りさえすれば社会に出てからも安泰に生きられた。そういう生き方はもう成り立たないとわかってはいても、まだ惰性でみんなA組的な生き方をしようとするわけです。いつまでそれが許されるかといったら、そう長くはないかもしれませんし、実際のところはわかりません。

ただ、先ほどのハワイの貧困地域の劣悪な環境ではないにせよ、これまで過ごしてきた生活が一変するような状況に落とされたとしても、いきなり死ぬわけではないので、やっぱりそれはそれとして受け入れ、そこで生きていかないといけない。いまみたいな人工的な環境のなか

ハワイで乗馬を行う光岡

った時代も、それをそれとして体は受け入れていたわけです。だから、生存《サバイブ》という意味で言うと武術の稽古においては、原初的な古の身体に戻るほうがいい。

**内田**　ええ、そうですね。

**光岡**　そこで一つの例としてお話ししたいのは、古典的な武術を行うための古典的な身体に戻るのに乗馬がすごくいいということに最近気づいたという体験です。と言いますかその予感は十二分にあったのですが機会がなく、先日ハワイの実家に帰省した際、ようやく実践できました。父親が飼っている馬にほぼ毎日乗ったんです。

**内田**　それはずいぶん楽しそうですね。

**光岡**　楽しかったですよ！　私の場合はすべて武術に還元して観てしまいますが、やっぱり馬に乗ると足腰が自然とつくられてきてしっかりしてきます。最初、手綱に頼って馬を動かしていると、父に「乗り手の技術が下手だと馬も下手になるからその使い方はやめてくれ」と言われました。下手というのも馬を両手で持った手綱でコントロールしがちだからです。両手持ちで手綱を動かすことはあまりしないでくれと言われました。

手は使わずに、片手と微妙な足腰の締めや踵《かかと》などのシグナルで歩く速度を変えます。うちの馬もちょっと馬術に慣れてきていて横歩きなどもできますが、シグナルをすべて脚と片手綱で行います。そうしていると普通に馬歩《ばほ》*14や一文字腰《いちもんじごし》の立ち方を稽古するよりも、一時間くらい馬に乗っているほうが武術的な足腰ができてきます。

**内田**　そうですか。

**光岡**　站椿《たんとう》*15で深く自分の身体を観ていった時のような、ああいう足腰になっている。すごい体験でしたね。

**内田**　日本の武道の源流は二つあって、海部《あまべ》と飼部《うまかいべ》という二つの職能民だというのが僕の仮説なんです。海部は風と水という自然エネルギーを制御する技能を持った職能民、飼部は野生獣のエネルギーを制御する技能を持った職能民。それが平氏と源氏の源流になった。そして平安時代末期に政治の中枢に登場してきて、はげしく覇権を争ったのちに、野生獣を扱う技能を持った源氏が支配者になった。飼部の職能はそのあと「弓馬の道」と言われた。騎乗して矢を射る技術がこの職能民の際立った技能だったと思います。

**光岡**　おそらくそうでしょうね。

**内田**　それは馬を制御しているということは違うと思います。むしろ、逆に馬の持つ巨大な力と騎手である人間の筋肉につなげてしまう。下肢の筋肉と馬の筋肉の間に切れ目がなくて「ケンタウロス」的な人馬一体的なものをつくり出す。

光岡　いや、筋肉ではなく骨です。
内田　骨なんですか？
光岡　筋肉ではなく骨が締まって馬とピタッと揃《そろ》う時があります。馬の動きと私の骨が揃うのですよ。
内田　なるほど、骨が揃うのか。
光岡　これまで過去に三度ほど馬に乗ったことがありますが、ここまで定期的に自分で乗って操作したのは初めてでした。そこでわかったのは、まず足腰が決まらないと乗れないということです。裏を返せば乗るために自然と足腰が決まるということです。そして、常に脚で馬を気遣わないといけない。乱暴にはできないんです。うまく締めたり、ちょんと当ててあげたりして、あっちへ行ってもらったり、こっちに行ってもらったり、止まってもらったりする。
　最初はこちらにも乗る気がありすぎコントロールしようとしていたので、馬になめられていました。「あ、こいつ素人だ」みたいな感じで（笑）。その時は、ブレーキかけてもなかなか止まらない。でも、足腰の状態を見て、骨をうまくキュッと締めるようにしたら止まってくれたんですよね。
内田　なるほど。

光岡　コントロールしすぎてもなめられますが、こちらが馬任せになり安易に適当に乗ろうと思っていると、なめられます。ちょっと真剣になり、馬の意向を聞く気になると、向こうも「あれ？　やれんの？」みたいな感じになります。

内田　人馬一体化すると馬も気持ちがいいのでしょうか。

光岡　そうだと思いますよ。馬も人も同意できる適確な指示と提案を好みますから。

内田　動物の側にも「こういう動きは気持ちがいい」「人間が乗っていると、自分単体ではできないことができる」という発見と快楽があるんじゃないかと思います。人類史上最初に馬に乗った人がいたから騎乗という技術が存在するわけですけれど、その最初に馬に乗った人はたぶん馬に乗った時に、「この馬という生物は、背中の上に人間が乗ると、自分の能力が拡大されたような気になるらしい」ということを発見したのではないでしょうか。

光岡　馬は人間と共存してきたから淘汰《とうた》されないで済んだという説があるそうですよ。単体だとほかの動物の格好の餌食《えじき》になったそうです。

内田　そうなんですか。馬は不思議な生き物ですよね。食用以外で、人類史にこれほど関与した生物って他にいないんじゃないかな。君子の「六芸《りくげい》」といわれる技術がありますけれど、礼・楽・射・御・書・数とあって、馬を制御する技術が君子が学ぶべき技芸の四番目に挙げられている。礼は鬼神や死者に仕える祭祀《さいし》儀礼の技法。楽は音楽を演奏する能力。その次が弓矢を射る技能で、その次が馬を制御する能力です。「君子」の必須科目だったわけですから、それだけ治国平天下のために必要な技術だったということです。たぶんここでいう「御」というのは広く野生のエネルギーと交流し、それを人間にとって有用なものに変換する能力のことだったのだと思います。野生のエネルギーにアクセスするための特権的な回路として馬がいた。犬でも猫でも牛でも象でもよかったのでしょうけれど、馬が最適だった。馬並みの体型の大型犬がいたら、たぶん人類史的には「犬に乗る」技法が発達したんでしょうけれど。犬のほうが馬より人間とのコミュニケーション能力が高そうですからね。そしたら、アレキサンダー大王の東征もわんわん吠《ほ》える犬で行われたかもしれません。

**光岡**　人間と関わる必然性が馬にあったわけですよね。

**内田**　日本でも、武術のことは「剣槍の道」と言わずに、「弓馬の道」と言った。やはり馬と人間の関係が身体運用技術のベースにあったのでしょう。

**生活文化は、時代が少し変わっただけで全部消えてしまう**

内田　馬に乗ることを初めとして、近世までの普通の生活文化は、時代が変わってほとんど全部消えてしまいましたね。

光岡　「普通」が忽然《こつぜん》と消えていきます。

内田　幕末までの武芸の流派が明治維新を境に六〇〇くらい消えてしまったそうですから。

光岡　生活観が変わり、それにまつわる身体観と身体が消えていくのですからそれまでにできた武芸の流派が消えて行くのは当然かもしれません。

内田　それにしても明治維新の時の古流の消え方は尋常ではないです。見ていると、もう家伝の流派を、本人たち自身が進んで捨てたがったとしか思えない。よほど重かったのかなという気がします。どんなに時代に合わなくても、市場のニーズがなくても、「これだけは絶やしてはならない」という強い覚悟があったら、そんなに簡単に消えてしまうはずがない。細々と父子相伝でも伝えたはずです。でも、文明開化になったとたんに、戦国時代から続いていた流派のほとんどが消えてしまった。「武芸では食えなくなった」との武道史の本にも書いてありますけれど、僕はそれだけではないと思う。幕末にすでに武士たち自身の中に「もう武芸にはうんざりだ」という膨満感があって、それが欧米の先進的な軍事技術を見聞したとたんに限界を超えて爆発したんじゃないでしょうか。こんな重たい伝統はもう背負いたくないという気分があって、だから、版籍奉還、廃藩置県と同じ現象が武芸においても起きた。その時に、日本全国三〇〇あった藩の藩主たちはほとんど喜々として国主の地位を捨てて、新政府の官名をもらって、東京で暮らすようになるんです。

**光岡**　そうなんですか。なんだか哀しいですね。

**内田**　藩主を免ぜられて、その代わりに華族に列され、役人に任命されて政府から家禄を支給される。東京の屋敷に暮らして、純粋な消費生活を送るようになった。それは小さいながらも一国を統治するストレスと比べたら、本当に楽だったんじゃないですか。「殿様でいること」に藩主たちが満足していて、その仕事が楽しかったら、廃藩置県なんかできませんよ。

**光岡**　城もけっこう無造作にうち棄《す》てられたと聞いていますが。

**内田**　そうです。前に津山に行った時に教えてもらったのですが、津山には城址《じょうし》だけがあるのです。城垣だけを見ると姫路城よりも立派な城だったようです。でも、明治維新の時に「もうこんなものは要らないだろう」と壊してしまった。明治政府に対する恭順の姿勢を示すために壊したのだという説明をされましたが、それだけじゃないと思います。二百七十年の江戸時代の最後の時には「江戸的なものにはもう飽き飽きした。これまでみんながありがたがっていたものは全部壊してしまえ」というそれまで抑圧されていた攻撃的な欲望が噴出したんじゃない廃仏毀釈《きしやく》[16]だって、それまで崇敬の対象だったはずの寺院を打ち壊し、仏像を捨て、経典を焼いたわけです。それに多くの民衆が自発的にかかわった。どう考えても異常です。

**光岡**　うんざりしていた時に西欧から真新しいものがやってきて、飛びついた。

**内田**　それまで背負ってきた伝統がもう嫌で嫌でたまらなかったという気分があったんじゃないでしょうか。だから、新しいものがやってきたので、それに飛びついて、伝統を未練なく打ち捨てた。これまでの日本の文化を「こんなのは全部くだらないものだ」と言い切れることにある種の爽快感を感じていたんじゃないでしょうか。勝海舟[17]や福沢諭吉の書いたものを読むと、幕臣たち自身が幕末の統治システムに対して、どれほど軽蔑《けいべつ》と憎悪を抱いていたか、その言葉の激しさに驚かされますから。

嘉納治五郎[18]が柔術を習おうとして道場を探したのは彼が一七歳の時、一八七七（明治一〇）年です。維新からわずか十年しか経っていないのに、その時点で、東京都内には柔術を教えている人がもうほとんどいなくなっていた。嘉納少年はようやく天神真楊流《てんじんしんようりゆう》[19]の福田八之助に入門したのですが、福田にも弟子が二人しかおらず、民家の八畳間で稽古していたそうです。幕末までは藩ごとにそれぞれ御留流《おとめりゆう》があり、全国に何十とあったはずの柔術流派がわずか十年で消滅に瀕したという事実は、外的な事情だけでは説明できないと思います。柔術家自身が「どんなことがあっても家伝の技法を後代に伝えなければならない」という強い使命感を持っていたら、これほど急激な流派の消失はなかったと思います。武道家自身が進んで継承された武道を捨てたという逆説的な事態は武道史的には触れてはならない「タブー」なのでしょうけれど、僕はそういうメンタリティーが明治初期にはたしかにあったと思います。

明治維新とさきの敗戦によって日本は二回武術の劇的な衰退を経験します。二度目に関してはGHQが武道を禁止したという歴史的事実が与《あずか》っているわけですけれど、明治維新の時の武道の衰微は、新政府による武士身分の廃絶や廃刀令といった政治的圧力だけでは理解できない。だって、新政府の重臣たち自身が木戸孝允《たかよし》[*20]（桂小五郎）や勝海舟をはじめ武道の達人たちだったわけですから。その人たち自身が武術を尊重して、その継続を願ったというような歴史的記述を僕は見たことがない。明治期における武術の振興は、西南戦争における抜刀隊の活躍と、警視総監三島通庸《みちつね》[*21]の武道への好尚が大きく与ったと武道史の本にはあります。三島通庸の名前はどんな武道史の本にも出てきます。でも、それは逆に言えば、武道の振興が三島個人の努力に依存していたということを意味しています。三島がいなかったら明治の武道はどうなったかわからない。

そういう事実を見ると、明治維新の時に、伝統的な武術や技芸に対する明らかな倦厭《けんえんかん》感、膨

1933年、寝技を指導する嘉納治五郎（写真提供／ユニフォトプレス）

満感があったような気が僕はします。そのさらに百年前ですけれど、佚斎樗山《いっさいちょざん》の[*22]『天狗藝術論』という武術書がありますけれども、その中で佚斎樗山はもうずっと当今の武士たちの態度の悪さに怒っている。「今どきの武士はまるで修行ができていない」「とにかく効率的に、短い時間で技芸に上達しようとする」と盛んに書いています。

**光岡**　手っ取り早く上達したい。近代に生まれ育った一員としてその気持ちはわかります。

**内田**　日本の武術は江戸中期くらいから実は衰え始めていたんじゃないかと思います。それが明治維新で一気に加速した。

## 産業革命以降の人間の産業化

**内田**　かつては米俵を楽々と担げたし、それが普通だった。その普通さがいまはわからないわけです。登山している人の話ですが、荷物の重さはだいたい六〇キロが境目だそうです。そこまでは割とちゃんと歩ける。でも、それ以上になると、途端に歩けなくなる。六〇キロを超えても歩ける人は、やっぱり「普通ではない」そうです。

**光岡**　その話は、いまの私たちの身体感覚をすごく象徴しています。それを身体的ジェネレーション・ギャップと私は呼んでいますが、たとえば米俵何俵かを難なく運べた時代にできた武術の型があります。そういった時代にできた武術の型はそのような身体観を普通に要求します。古流の竹内流《たけのうちりゅう》*23ですと相手を投げる際、「順」では投げず、相手の肘《ひじ》が曲がらない「逆」で投げます。そのままだと折れるから、投げられる瞬間、受けは側転するのですが、それも相手の背丈を越すくらいにピョンと跳びます。これが私の習っていた時代の門下生では誰一人できなかったのですけれども、二代前くらいの米俵を運べていた時代にはかろうじてできる人がいたそうです。でも、それ以降おそらく技は消えていってしまったのではないかと思います。

だから六〇キロ担いで平気で山を登る人がいたら異様だといまでは思うけれど、毎日毎日それくらいの重さを普通に担ぐ姿を見ていた時代なら、「あれくらいのことは普通だ」と意識するまでもなく身体観の常識が育つわけですよ。それ以外、知らないのですから。

**内田**　「じゃあ、オレもできるはずだ」と思うでもなくできるわけでしょうね。

**光岡**　メキシコのタラウマラ族といって「走る民」として有名な民族がいます。彼らには一週間ぶっ続けて走ったりする部族のレースがあるんです。そこにK－1のチャンピオンだった魔裟斗《まさと》さんがテレビのドキュメンタリー番組で訪れたのを拝見しましたが、そうしたら、過酷《かこく》なトレーニングを積んでいるはずのK－1チャンピオンが、一人のタラウマラの方の毎日の生活についていけなかった。毎日水を汲《く》みに崖下《がけ》まで降り、また水を担いで登る。魔裟斗さんはなにも持っていないんですが、ついていくことさえ覚束ない。

**内田**　ふーむ。

**光岡**　ひょいひょいと山道を駆け下り、駆け上る。彼らの暮らしではそれが普通です。なぜならお父さんがそうやっていたし、おじいさんもそうしてたから。「それは普通でしょ？」と言われても、魔裟斗選手だけではなく、身体的ジェネレーション・ギャップと身体的近代化が進んでいる私たちはまったく共感できません。でも、向こうにすれば、普通にそうできない人の気持ちがわからない。なんでゼエゼエ言ってんだろうと思っていたりするでしょう（笑）。しかもサンダルみたいな裸足に近い状態で走るのです。こうしたエピソードでもわかるのは、現代人の身体はずいぶん衰えていることです。古の身体からどんどん離れていっているんですよね。

自分が生きて行く上で欠かせない足腰が抜けているから自信も持てず、自身の身体が観えていないゆえに現代人は頭しか使えなくなっています。身体を動かすことなく頭の中だけで辻褄《つじつま》を合わせようとして、他人の意見と自分の意見のすみ分けもできず、他人から得た情報を自らの経験を通さず自分の意見であるかのように勘違いする。他人の言葉で語り、それを自分だと錯覚する。

生きるとはまずは自分一人で現実に向き合えるかどうかが大前提のはずです。しかしながら他人の意見を拠り所にする私たちは自立することを恐れ、それを肯定するイデオロギーに幸せを感じるようになりさえする。そして他者の考えや評価に自分を委ねていく。

私はこれを人間の産業化として捉えています。産業革命以降の規格品を求めるような動きの中で生じた身体観がもたらした精神と心理の変質ではないかと思っています。規格品の製造に欠かせないのは、「同じように・きちんと・早く」することです。基準はあくまで外部にあって、それに自分を合わせていきます。その基準にかなえば「能力がある」と評価されます。

産業化が進む中では、とにかく拡大するのがいいのだとか、規格品の成果を求めて個人がどうであるかを問わないままの安直な方向に進みがちです。社会自体がそういう流れであれば、社会の中にある武術も同じような傾向になるのは否めません。

## 武術から子育てまで格付けが存在する時代

光岡　「内実はどうあれともかく拡大するのはいいこと」、「過程よりも結果が大事だ」という世の中であれば、実力と社会からの評価は相応していないとおかしなことになります。武術でいえば実力と段位になるでしょう。そもそも武術における段位制度の始まりは講道館[*24]柔道で、身も蓋《ふた》もなく言えば、講道館建設の費用捻出《ねんしゅつ》のための策だったという話もあるくらいです。いまでいう資格みたいなものですから、産業化に向かう社会制度にはものすごく合ったコンセプトだと思います。ただ、一つ資格と違うのは資格よりも意味がない場合が多い。実力と相応していない段位はたくさんありますよね？

**内田**　ノーコメントです（笑）。

**光岡**　近代以降の武道でけっこうまじめに取り組んでいて、なおかつ実力と級位、段位が釣り合っているのはブラジリアン柔術[*25]です。あそこの初段は昔の柔道でいう四段か五段相当です。だから初段以降は名誉段位みたいなものです。あと、空手などは流派にもよりますが、座波仁《ざはじん》吉《きち》先生[*26]の心道流空手も級位、段位はしっかりしています。

　韓氏意拳には段位制度はありませんが、初級、中級といった稽古の段階があります。初級の指導者になるなら、最低限その実力を持ってもらいたいと思っております。実がなくなると、武術の場合は危うい。どの武術家に尋ねたとしても、「いや、実力なんていらないよ」と答える人はたぶんいないと思います。ならば武術における実力とはなにかというと、私の場合は

「いつどこでも誰とでも」手を合わせられるということです。武器を持ってようが多人数だろうが、「それは卑怯《ひきょう》だ」とは言えません。また、あらゆる状況に対応できる生徒を育てられる指導力なども段位や級位などの評価に値します。

**内田**　凱風館の少年部をつくった時に「少年部の級はどうしましょう」という話になって、「やったらいいんじゃないの」ということになりました。合気会の級は五級からなので、十級から六級までは、うちのローカルルールとして少年部で勝手に出してもいいことにしました。あったほうが励みになるでしょうし。しばらくしたら少年部の親から「もっと細かく分けてくれないか」という要望があったそうです。十級のＡＢＣ、九級のＡＢＣっていうふうにして、全部で三十段階にしてくれと。

**光岡**　なんとも時代を象徴した話ですね。

**内田**　母親たちからの要求だと聞いて驚きました。子どもの成長を「数値として示してほしい」と言ってきたわけですから。修行による心身の変化は数値的に計量できないんですという説明が通らない。

**光岡**　そうです。その危険性が、『暗殺教室』のＡ、Ｂ、Ｃ、Ｄ組とＥ組の関係です。

**内田**　必ずそこに行きますね（笑）。

**光岡**　マンガの中では、この学校は落ちこぼれグループをつくって、「あいつらみたいにならないようにしましょう」というのでA、B、C、Dががんばるわけです。Aはエリートではありますが、Aクラスの人間は理事長の息子以外は戦々恐々としているわけです。なにしろE組に落とされることへの強迫観念でがんばっているだけですから。学校側は理事長を中心に生徒に対し、恐怖に加えて憎悪を植えつけるわけです。それをモチベーションにさせるけれど、結局それでは体力がもちはしない。

こういう問題はランキングを導入すれば必ず出てきます。ただし「あいつらみたいにならないように」ではなく、「格好いいな。ああなりたいな」だったら、格付けするシステムはある程度機能しているからまだいいわけです。

**内田**　ええ、そうですね。

**光岡**　まあ、それもちょっとしたバランスの乱れで簡単に崩れるわけです。細かいランキングを要望したお母さんたちの話を聞いていると、要は『暗殺教室』のような学校が欲しいと言っているわけですよね。落ちこぼれにならないように、どれだけやったらA組に入れるかというのを「先生ならちゃんと教えてください」。そう言っているわけでしょう。でも、内田先生のような立場の人には、そこに迎合しないように踏ん張っていただきたい。

内田　不思議なのは、自分の子どもがある程度稽古していれば、心身の変化なんて母親が見ればわかるはずなんです。よくご飯食べるようになったとか、ずいぶん身体が大きくなったとか、ぐっすり眠るとか。そういう変化を見れば「ああ、変わったなあ」ということはわかるでしょう。それなのに、数値によるランク付けを要求してくる。それは生き物としての子どもの変化を感知する手がかりを持っていないということですよね。

光岡　子育てにも格付けが必要な時代なのですね。親がそういう価値観を持つということは、社会がそうだからです。資格にばっかり囚《とら》われてしまうのは、他人に自分を評価してもらうことに生きる基準をおいているからです。その近代の産業化された身体にしみついた気持ちはわかります。やはり自分に自信がないうちは世の中から誉《ほ》められたらうれしいですから。

内田　でも、子どもの変化を、親が外形的に数値で表示しないと納得できないっていうのはおかしいでしょう。僕が尊敬する大瀧詠一《おおたきえいいち》*27さんというミュージシャンがいます。大量のレコードコレクションを所蔵されていたんですけれど、大瀧さんは家に来た人が「わあ、すごいですねえ。レコード、何枚あるんですか?」と尋ねると、その後は口をきく気がしないと言われてました。

光岡　なるほど。

**内田**　大瀧さんの所蔵しているコレクションはレコードに限らず本、映像資料など多岐にわたっているんですけれど、でも、映像資料が「何ペタあるんですか?」と聞いて、答えをもらっても、それで大瀧さんがなにを求めて、なにを集めているのか、その意味はわからない。とにかく常人ではできないことをしていることしかわからない。そういう場合は、ただコレクションを見て素直に絶句するというのが正しい反応じゃないかと思うんです。その時に「何枚あるんですか?」と尋ねるのは、もし一〇万枚と言われたら、自分はレコード一〇〇〇枚持っているから、自分の一〇〇倍だなというふうに「理解」したいからでしょう。スケールの違う相手を自分の物差しにはめ込もうとしたいからそういう質問が出てくる。「何段ですか?」という質問も同じじゃないですか。

**光岡**　尋ねるほうも、なんとなくわかったつもりになりたいんですよね。しかし、厳しく言うなら級位、段位を出すほうは、これからの武術界、武道の世界で単なる惰性や慣習で出してはいけないということです。このことは武術、武道そのものの価値にも関わってきます。

＊1　**ピエール・ブルデュー**　一九三〇年生―二〇〇二年没。フランスの社会学者。コレージュ・ド・フランス教授。哲学から文学理論、社会学、人類学まで広い研究領域で知られる。主著に『ディスタンクシオン』。文化資本、社会関係資本、象徴資本といった用語などで知られる。

＊2　**凱風館**　内田が主宰する、二〇一一年に開館した武道と哲学研究のための私塾。

＊3　**韓氏意拳**　一九三〇年代に王薌齋によって創始された中国武術である意拳の一派。王に就いて学んだ韓星橋は四男である韓競辰に意拳を伝え、韓競辰がさらに実父から学んだ意拳の学理と実技を科学的な検証手段と中医学を応用して整理し、韓氏意拳として編纂した。

＊4　**合気道**　大東流合気柔術をはじめ多くの武術を学んだ植芝盛平によって創始された現代武道。合気会、養神館、日本合気道協会（富木流）など、いくつかの会派がある。

＊5　**大東流合気柔術**　明治期に会津藩出身の武田惣角によって広められた総合武術。全国を放浪しながら各地での限定された教習にもかかわらず、合気道の植芝盛平はじめ、一派をなす人材を多く輩出。

＊6　**岡本正剛**　一九二五年生―二〇一五年没。大東流合気柔術六方会宗師。堀川幸道に師事。

＊7　**シラット**　発生には諸説あるがマレー半島が起源とされる武術。現在ではインドネシアを中心に東南アジア一帯に遍在する武術体系でもある。地域、流派によって特徴が異なる。近年では欧米でも盛んに行われている。

＊8　**カリ**　アーニス、エスクリマと同義。フィリピンを中心とした東南アジアの武術。スペイン剣術の影響も色濃く、短棒やナイフ、刀剣を使った武器技術が特徴的。武器から徒手技術にいたるま

で共通の運動法則があり、速習性が高く、欧米の警察、軍事組織も採用していることで知られる。近年は日本でもフジ・アーニス・クラブ、レドンダ・アーニス、真狩などの団体が活動している。

＊9　**サイトウリュウ忍術**　ハワイに伝わる日系武術の一派。

＊10　**バーニー・ラウ**　一九四一年生。イチョウ流合気術の創始者。米海軍に所属しベトナム戦争を経験、退役後はシアトル市警でシリアスな経験を積み、どんな状況にも耐えうる独自の体系を編み出す。

＊11　**猴拳**　中国武術の一派。ほかに形意拳の十二形拳の中にも猴形拳という猿の動きを模したものもあり、ほかの拳法にも猿の動きを取り入れた技術は少なくない。

＊12　**和道会**　全日本空手道連盟和道会のこと。大塚博紀が創始した空手道と柔術の流派、和道流の一派。和道流にはほかに、和道空手道連盟、国際和道空手道連盟、日本空手道教育研究会などがある。

＊13　**大先生**　合気道開祖植芝盛平のこと。一八八三年生―一九六九年没。武田惣角の大東流合気柔術をはじめさまざまな武術を学び合気武道を創始。満州の建国大学の武道顧問などもつとめ、一九四四年その武術を合気道とした。

＊14　**馬歩**　中国武術の代表的な姿勢の一つ。あたかも乗馬しているかのような体勢をとる。

＊15　**站樁**　中国武術の功法の一つ。「人間が本来持っている心身の能力を最大限に引き出す鍛錬法」と位置づけられ、中国武術では広く行われている静的な練習方法。

＊16　**廃仏毀釈**　明治政府が国家神道を中心とした体制を築くために進めた神仏分離などの政策によ

って起きた、仏教寺院、仏像、経巻などの破毀をさす。

＊17　**勝海舟**　一八二三年生―一八九九年没。江戸幕府幕臣、政治家。洋行経験を持ち、江戸城無血開城に尽力。『海軍歴史』『吹塵録』『氷川清話』などの著述が知られる。維新後は海軍大輔・枢密院顧問。

＊18　**嘉納治五郎**　一八六〇年生―一九三八年没。さまざまな柔術を総合して近代柔道を創始し、講道館を設立。教育者としても活躍し東京高等師範学校校長を務め、体育教育にも貢献。

＊19　**天神真楊流**　流祖は磯又右衛門源正足。徒手技術に優れ、講道館柔道の源流の一つとして知られる古流柔術。

＊20　**木戸孝允**　一八三三年生―一八七七年没。桂小五郎の名で知られた長州藩士、政治家。維新の三傑のひとり。西郷隆盛らと薩長同盟を結び、新政府では版籍奉還、廃藩置県を提言。

＊21　**三島通庸**　一八三五年生―一八八八年没。薩摩藩士。内務官僚、県令を歴任し、開発を進めたが、政治的には自由民権運動と対立し、福島事件や加波山事件を招いた。

＊22　**佚斎樗山**　一六五九年生―一七四一年没。下総関宿藩士。老荘思想と陽明学の影響を受けた教訓本を著した。

＊23　**竹内流**　流祖は戦国時代の竹内久盛とされる最古の日本柔術の流派の一つ。総合武術として、羽手、小具足、捕縄、棒術、剣術、居合、十手、薙刀などの技術が伝わっている。

＊24　**講道館**　一八八二年に嘉納治五郎によって設立された柔道の研究、指導機関。東京都文京区の春日にある。

＊25　**ブラジリアン柔術**　寝技を主とする組み技系の格闘技。一九一四年にブラジルへ渡航した前田光世が講道館柔道を伝えたのが端緒で、日本ではその後廃れていった技術を寝技中心に独自発展させた。その技術は総合格闘技などでも有効性を示し、現在では世界大会が開催されるなど、広く普及している。

＊26　**座波仁吉**　一九一四年生。沖縄の空手家。心道流空手心道会宗家。

＊27　**大瀧詠一**　一九四八年生―二〇一三年没。シンガーソングライター、作曲家、アレンジャー、音楽プロデューサー、著述家など多くの顔を持つ。細野晴臣、鈴木茂、松本隆と結成した日本語ロックの草わけのバンドであるはっぴいえんど、自ら主宰したナイアガラ・レーベルは日本の音楽シーンに多大な影響を与えた。

# 第二章　古の身体文化　能と武術

凱風館で「羽衣」を舞う内田

## 能に残る古の身体

光岡　内田先生は合気道のほかに能も稽古されていますよね。

内田　先ほど光岡先生は古《いにしえ》の型について触れておられましたが、こと型について言えば、能も型の要求は厳しいです。合気道だと、相手を投げたりして極《き》めて、結果が出ればそれをどんな型で行ったかはとりあえずは不問に付されます。でも、能の場合はそうはいきません。結果というものがないので、とにかく立ってただ歩いて手を上げたり下げたりするだけなんですから。

光岡　ちょっと見せていただいてよろしいでしょうか。

内田　普通にこう立って歩くわけです（実演）。とにかくゆっくりです。序の舞だともっとゆっくりになります。これがなかなか歩けないのですよ。股関節や骨盤の使い方が難しい。

光岡　なるほど。身体を完全に止めているわけですか。着物を着ていなくても、まるで着てるような身体になるのですね。

内田　そうです。だから能の時では日常生活とはまったく違う身体になります。

**光岡**　やはり実際に着物があると変わりますか？

**内田**　着物によって形を整えてもらえている。そういう感覚になります。着物は実は縛ってもいないし止めてもいない。実際には身体の上に布をまとい、布同士の摩擦で保っている。だから、簡単に着崩れます。布と布の摩擦による保持力を崩さないように身体を使う。だから、袖をひっぱられたりするとムカッとします（笑）。

**光岡**　そうですよね。

**内田**　江戸時代までは髷《まげ》を摑《つか》むことが最悪の侮辱にあたりましたよね。髷は丁寧につくり上げられていて、かつ壊れやすいものだからでしょう。鎌倉時代までだと烏帽子《えぼし》がそうです。烏帽子を落とすとか脱がされるというのは最大の恥だった。でも烏帽子も頭にちょんと載せているだけで、それを紐《ひも》一本で顎《あご》に止めてる。だから、烏帽子をきれいにかぶるというのは、かなりの技術が必要だった。そういうふうに手間がかかるけれど、簡単に壊れたり、崩れたりするものを身につけるというのが前近代までは身体運用の手がかりになっていたんでしょう。

和服はまさにそうですね。着物がどういうふうに身体を使えばいいか教えてくれる。着物に助けてもらって、着崩れしないように身体を使う。特に、袴《はかま》を穿《は》くと腰板が骨盤の角度を決めてくれるので、とても姿勢が保持しやすい。合気道の場合でも袴を穿いて稽古すると、全然違います。どういう形をしなければいけないか袴が指示してくれるから、その分楽になります。
　そもそも能を始めた理由について言うと、武術の源流は中世までさかのぼるわけですけれど、武術の型の意味を理解するためには、中世の日本人がどういうふうに日常的に身体を使っていたのかを実感としてわからないといけないんじゃないかと思うようになったからです。中世日本人の身体に仮想的にでも一度なってみないと、型の意味がわからないのではないか、と。

**光岡**　その通りだと思います。

**内田**　それで中世日本人の身体運用がいまでも残っているのはなんだろうと思って。とりあえず思いついたのは禅と茶の湯と能だったんですけれど、能が武道に一番近いような気がして。それに、能の身体運用は口伝ですから、理屈を言わない。「なぜこの型をするのかと言えば」といった理屈を語らない。「どうして、こんな型があるんですか？」という質問に対しては「昔からこうやっているからだ」と答えられる。理屈をつけると、理屈によって型が曲げられる可能性がありますけれど、理屈抜きに「こう動け、こう謡え」という口伝で伝承されているものですから、古い型が手つかずのままに残っている。

**光岡**　言われた通りにやると体の感じとして腑《ふ》に落ちますか？

**内田**　腑に落ちるためには、まず世界観を変えないといけないのです。「私が歩いている」というふうに主語を「私」にして型を遣ってはダメなのです。

**光岡**　ああ、そうでしょうね。

**内田**　能舞台は三間四方の本舞台に地謡座《じうたいざ》や後座などが付属していますが、実際に演能していると、空気の粘りや密度が立ち位置によって違います。狭い空間にワキ方、地謡、囃子《はやし》がいて、目付柱があり、ワキ柱があり、非常に複雑な「空気の地図」ができています。だから、あるところに立って、ある詞章を聴くと、ある所作がしたくなる。ある方向に身体を向けたくなる。角に行って止まって、足をかけて左へ回ると、囃子や地謡の波動が来て、それがある所作や方向を指示する。

**光岡**　やっぱり型ができているのですね。

**内田**　先ほど着物に形を整えてもらうという言い方をしましたけれど、能舞台も同じです。自分の頭で考えて、覚えた道順通りに歩くというのではないのです。空間そのものの密度の変化が、装束や面の拘束が、囃子や地謡やワキの謡が、シテの動きを指示する。だから、極論すれば身体感度を最大に上げていたら、なにも考えなくても、完全に受動的な状態にいれば、いるべき時に、いるべきところに立って、なすべき所作をすることができる。そういう状態を理想にして曲ができている。ですから、自我とか主体性とか我執というようなものは必要がない。

必要ないというよりあるだけ邪魔になる。

光岡　「私が〜」を消さないとできない。

内田　そうですね。入門して最初に観世流[*1]の下川宜長《しもかわよしなが》先生に教えられたのは、「上手《うま》くやろうと思ってはいけない」ということでした。うまく見せよう、人から誉められようというようなことを考えていると、我執を去ることができない。それから「格好つけてはならない」ということも厳しく言われました。歌舞伎の「見得を切る」ような動作はやはり自我がにじみ出てしまう。実際に歌舞伎の場合はそこで大向こうから「成駒屋」とか「高麗屋」とか声がかかるわけで、それは役名ではなく役者の名であるわけですよね。能の場合は、役者の個性も固有名も消えて、そこに「この世ならざるもの」が立ち上がるのでなければならないのですから、「この能役者はうまいねえ」というふうな感懐を見所《けんじょ》が持つようようでは困る。

## 能と武術

光岡　凱風館は能も必須ですか。

内田　いいえ、まだまだです。すでに一〇人以上が僕と同じ下川先生のところに入門しましたけれど、必須科目ではないです。

**光岡**　それはもったいないです。合気道の初心者は特に歩き方だけでも稽古したほうがいいかもしれないですよ。武術との相性がいいと思います。やはり能はもともと武家階級だけのものなんですか？

**内田**　そうです。もともとは猿楽[*2]といい、遊芸民の芸でしたけれど、室町時代に将軍がパトロンになり、江戸時代に入ると式楽[*3]と定められ、武士だけが習い、演じることができました。武士以外の階級の人は見ることも、習うこともできなかった。そういう意味では非常に特殊な芸能です。歌舞伎の「勧進帳」や「土蜘蛛」や「黒塚」はもとは能の曲ですけれど、能楽師が歌舞伎役者に所作や謡、囃子を教えた。禁令を破ったので教えた能楽師は破門されたそうです。

**光岡**　口伝を漏らしたわけですからね。

**内田**　基本的には能楽は閉じられた武家社会だけに限定されていたわけで、そこにはそれなりの意味があると思います。

**光岡**　ステータスとして秘密にされていたのでしょうか？

**内田**　江戸の終わりになるとそういうふうに形骸《けいがい》化したかもしれませんけれど、発生的にはやはり能楽が非常に特殊な身体技法だったことと関係していると思います。江戸時代は人口の数パーセントしかいない武家が全体を支配していました。武士は「特殊な身体技能を持っている」ことが支配の前提になっていたわけです。そういう特殊技能の一つに能楽も位置づけられていたと思います。

**光岡**　なるほど。

**内田**　能楽はもともとが憑依《ひょうい》系の芸能ですから。もちろん民衆の宗教の中にもシャーマニズムがありますし、巫祝《ふしゅく》は民間にもいました。けれども、それはだいたい伝統的な職能か、生得的に特殊な能力を持った人たちが行った。能楽はもっとずっと体系的で、リファインされた憑依芸です。ある種の訓練によって、死霊神霊をおろして、三間四方の能舞台で美的形象として表現して、一定時間が過ぎたらまた霊を「上げる」。厳しく限定された空間で、さまざまな決まりごとによって制御されているので、一般の人でも軽い憑依状態に入ることができる。そこで人間の日常的な限界を超えるものと交流できる。自己判断で、軽い憑依状態に入る技術というのは武術においても重要な技法です。だいたいどの武術でも流祖は、山中に参籠していたら天狗や鬼神の類に出会って奥義を会得したという話が多いですから。

**光岡**　岡山にある竹内流などもそうですね。天狗を通して皆伝を受けるのが代々の習いだったそうです。明治ぐらいまではそうだったのですが、その次の代から天狗は現れなくなったのではないかと言われているようです。

**内田**　武芸の起源で、流祖は人知を超えたものと交流する。そのことによって奥義を会得する。それはただ流儀に箔《はく》を付けるための物語というのではなく、実際に憑依状態に入り、それを自己制御できる技術が武士の技術としては非常に重要なものだったのだと思います。だから、能が重んじられたのかもしれません。

それに柳生宗矩《むねのり》が能を稽古していたせいで『兵法家伝書』[*4]には能の比喩が繰り返し使われる。宮本武蔵の『五輪書』[*5]にも能の用語は出てきます。

## 間と拍子

**光岡**　拍子や間《あい》という言葉がそうですね。

**内田**　ええ。「あふ拍子」に「あはぬ拍子」とか、「あひをゆく」とか、身体リズムに関する記述はほとんど能の比喩と言ってもいいくらいです。『兵法家伝書』にはこうあります。

「あふ拍子はあしし、あはぬ拍子をよしとす。拍子にあへば、敵の太刀つかひよくなる也。拍子がちがへば、敵の太刀つかはれぬ也。敵の太刀のつかひにくき様に打つべし。つくるもこすも、無拍子にうつべし。惣別《そうべつ》のる拍子は悪《あ》しき也」

はっきりと謡と鼓の拍子のことを念頭にして用いられている比喩もあります。

「たとへば、上手のうたひはのらずしてあひをゆく程に、下手鼓はうちかぬる也。上手のうたひに下手鼓、上手の鼓にへたうたひの様に、うたひにくく、打ちにくき様に敵へしかくるを、大拍子小拍子、小拍子大拍子と云ふ也」

こういう比喩が「わかる」のは江戸時代では武士だけでした。つまり、能という「暗号表」を身体化している武士には、この理が実感としてよくわかるけれど、能を見たことも聴いたこともないし、もちろん演じたこともない人たちには『兵法家伝書』そのものが暗号で書かれた文章にしか見えないので、それが何を語っているのかがわからなかったということです。

音楽は時間的な現象です。人間と人間が立ち合う時、二人の間で非常に独特の時間が流れています。合気道もそうですけれど、拍子が合ってはいけない。必ず拍子をずらさなくてはいけない。無拍子とか、拍子を外すとか言い方はいろいろありますが、もとは能の用語です。

**光岡**　その無拍子についてですが、これはけっこう勘違いされています。無拍子は「起こりを消して無挙動で咄嗟《とっさ》に動く」と理解されがちですが、民族音楽に詳しく原始技術や火おこしの名人でもある和光大学の関根秀樹先生によると、無拍子とはポリリズム[*6]（複合リズム）のコンセプトから変化する自由リズムだそうです。ポリリズムとは拍の一致しないリズムが同時に演奏されることにより、独特のリズム感が生まれ、複数の拍子を組み合わせていて、どの拍子でリズムを取ってもその複数の拍子の共通点となる拍があることを指します。

また自由リズムとは音楽のリズムのあり方のなかで、規則的に回帰する明確な拍節をもたないリズムをさします。自由リズムは、わかりやすく言うと固定リズムの対概念だそうです。よって拍の一致しないリズムが同時にある中で複数の拍子のどの拍子でリズムを取っても共通する拍があり、そのリズムの中でさらに規則的に回帰する明確な拍節をもたず、多くのファクターが変化する中で常に外れてしまうリズムが無拍子です。

まったく無秩序なリズムではなく感覚的にしか捉えられない多様で複雑なリズムの刹那的一致を前提とするリズムがあり、そのリズムへの外しが無拍子だと理解しています。

この話には私も得心がありました。別にポリリズムに限らず自由リズムは外してくるのですが、自由リズムからするとポリリズムが一番厄介な相手か一番共感できる相手かと思います。今の私の理解の範疇《はんちゅう》では「どの拍子でリズムを取ってもその複数の拍子の共通点となる拍がある」ポリリズムと「規則的に回帰する明確な拍節をもたない」自由リズムはコンセプトとしては矛盾するところもあるのですが、この矛盾が互いの勝負どころになっていておもしろいです。

このような矛盾が矛盾なく成立するからこそ無拍子が可能なのかとも思います。

**内田**　なるほど。

**光岡**　武術家の先生によっては無拍子を「起こりなくスーッと刀を抜く」といった意味で使われていますが、おそらくそれも拍子がないのではなく、一拍子でしかありません。心臓の鼓動がそうであるように、生命体として拍子がないことはあり得ないからです。それに武術の実践として考えた場合は拍子が「ない」のではなく、「とれない」と見たほうが筋が通ります。

**内田**　「一調子」という言い方もしますね。

**光岡**　はい。無拍子は「一調子よりもっと気配が出ない」みたいな話になりがちですが、違うでしょうね。

**内田**　つい先日、「花月」[*7]という曲の舞囃子を舞いました。これは鞨鼓《かっこ》という独特の舞です。鞨鼓というのは小太鼓で、それをテンテン、テンテンと叩《たた》きながら歩くのですが、これが難しい。叩くリズムと歩くリズムが違うからなんです。「ハァ、テンテン、ハァ、テンテン」と手で打ちながら、足は普通にすり足で歩く（実演）。

**光岡**　なるほど。上と下でばらばらに動くわけですか。おもしろいですね！

**内田**　以前に先生から「鞨鼓は難しいぞ」と言われてはいましたけれど、やってみると本当にたいへんでした。上肢と下肢のリズムが合わないんです。でも、さすがに半年くらい稽古したら上下のリズムが微妙に合うようになったんですよ。合うというか、上下のリズムが「合う」ような周波数があることがなんとなくわかってきた。

**光岡**　下のリズムと上のリズムが違って、ポリリズムになっています。

**内田**　そうなんだと思います。周期的にときどき合って、また離れる。それが不思議なグルーブ感を醸し出す。能というのを非常にゆっくりした穏やかな動きのものだと思っている方が多いんですけれど、鞨鼓を稽古してみて、実は能楽は多様なリズム、多様な拍子に対応できる身体をつくることが一つの目的だということがわかります。一つの曲の中にも必ず複数の違うリズムのものが含まれて、一曲全体がポリリズムになっています。さまざまなリズムに変わるごとに、シテも見所の観客も、自分の身体の中に多様な「リズムの層」が存在することに気づきます。あるリズムの時に反応する部位と、リズムが変わった時に反応する部位が違うからです。

能楽の場合、「クリ」「サシ」「クセ」というような小段の下位区分があります。そのつどリズムが変わる。地謡も、途中から急に加速したり、急に減速したりする。これにあわせるためには、耳で聞いていたのでは間に合わない。あるリズムに反応している身体部位から、いきなり別のリズムに反応する身体部位に切り替わる。それは耳で聞いて「モード切替のタイミングだ」と判断してそうしているのではなく、気がついたら身体全体が一気に別のリズムに切り替わっている。そういうリズムの頻繁な切り替えが能の音楽性の際立った特徴でしょうね。民謡だと、河内《かわち》音頭とか盆踊りですと、同一のリズムを延々と繰り返しますよね。

**光岡**　そうですね。

**内田**　同一リズムのエンドレスの繰り返しで憑依するという民間の技法が民謡に残されていて、一方で、多様なリズムが頻繁に切り替わるという憑依技法が能楽に残されている。そういうことかもしれないですね。

**光岡**　おもしろいですね。

## 最適な立ち位置で最適な振る舞いをする身体の感受性

**内田**　憑依というところまで深く入り込まなくても、能舞台に立っていると、自分が動くのではなくて、舞台のほうから所作や方向を指示されるような「感じ」は、ある程度稽古を積むとわかるようになります。外部から来るシグナルを受け入れている。それは、逆から言えば、自分から外に向かって出てゆくことです。自他の境界線が曖昧《あいまい》になるわけですから。どこまでが自分で、どこからが外界なのか、その判別ができなくなる。ふつうは自分の皮膚までが「自分」で、そこから先は「外界」に切り分けられるわけですけれど、そうではなくなる。皮膚の境界線が曖昧になって、外が自分の中に浸入してきて、自分が外に流出してゆく。「我執を去る」という言葉を使いましたけれど、それは自分の四肢のある空間に「居着く」のではなく、そこから自由に離脱して、自分の手足が届かないところまで自分が流れ出してゆくということでもあるわけです。自分が流出していって拡がった場は、ある意味で「自分の主宰する場」であり、「結界」だということになる。

結界といっても別に境界線を引いて、「ここからこっちはオレの結界だから、入ってくるな」というようなデジタルなものではなく、なんと言ったらいいのかな、空間に自分を練り込んでゆくような感じです。

すり足で歩かせると、初心者はみんなふらふらします。自分が歩いていると思うとふらつくのです。手がかりがない。つかまるところもない。自分一人で自由に動いていると思うとふらつくのです。でも、「誰か」に前から肩口あたりを押さえられていて、それをぐいぐい押し戻していくような感じで歩くと、動きが「決まって」きて、ずっと楽になる。

**光岡**　やはり我でやろうとするとできない。

内田　そうです。自分が歩くんじゃなくて、「誰か」を押し戻すような感じで、あるいは「誰か」に導かれるようにして歩く。

光岡　だとしたら、場の支配と結界は違うことになりますね。

内田　なんというのかな、自分の前の空間にはびっしりとゼリーが詰まっているというふうに想定する。すると、そこに微妙な抵抗感が発生する。空間にゼリーが詰まっているわけですから、微《かす》かではあれ、抵抗がある。それを押し戻しながら進むので、姿勢も、足捌《さば》きも、微妙に変わります。そうすると、身体が整う。正中線が揃わないと、ゼリー状の空間といえども、その中に身体を入れられませんから。そして、そういうふうに身体が整うと、本当に空間にびっしりゼリーが詰まっているような「感じ」がしてくる。自分の肌にそういう密度や粘りを感じるし、それを外から見ても、そういうものが舞台上にあるように見えてくる。

よくパントマイムで、そこにないガラスを触るというのがありますよね。あれも上手な人がやると、本当にそこに眼に見えないガラスがあるように思えてくる。それと似ています。舞台上のゼリーは実は僕が創造したわけです。その自分がつくり出した仮象によって今度は自分の身体を整える。この相互依存的な関係の中にあると、なんというか安定するんですよ。身体的にも、精神的にも落ち着く。これもまた一種の結界をつくる行為だと思うのです。だから、自分は自由に動いていて、すべての動作を自己決定していると思っている人が、実は一番不自由なわけです。

**光岡**　ええ。そうですよね。

**内田**　結界には、固有の粘り気があり、空気密度も違うし、色もついている。その中で動いていると、「動きたい線」が自動的に決まってくる。最適動線が限定される。自分は自由だから、どんな線でも動けるということではなくて、動ける線と動けない線がわかる。どこにでも立てるのではなくて「ここは立てる」、「ここは立ちにくい」という差がわかる。囃子や謡が入ったり、装束をつけ、面をつける。そういうふうに感覚入力に微妙な条件を課すと日常とは入力されてくる情報が違うんです。本当に必要なシグナルしか感知できないようになる。そのシグナルに反応して、与えられた空間内での最適な立ち位置で、最適な所作を行う。そういう感度の高い身体をつくり込んでいく。これが能楽の武術的な意味のプログラムではないかと思います。

**光岡**　いまの話で思ったのは、やはり型があることの強みです。この場合、結界と型が規範になっています。内田先生がどう動けばいいのかは型に潜む規範が決めてくれるのですから。

**内田**　道順も決まって、そこに行ったらこの所作をしなさいということはきっちり決まっています。

光岡　だからこそ自分から離れずにいられるわけですよね。やることを決めておくから、自分がなにをしているかが行いとは別に観える。

内田　そうですね。なにをするかが決まっているから、そのなにかをしている自分を観察できる。自由に動いていたら観察できませんからね。

光岡　そうですね。自由に動くほうに観察を向けてしまったら観えないわけです。だから、型を決めておくのでしょう。その前提として型が成立する場は、結界を引くことによってつくられている。

内田　ええ、そうです。

光岡　だとしたら、場の発生は人の力ではどうしようもないことになりませんか。結界を引くことまでは人ができますが。だけど場は本来なら主宰も支配もできない。要は結界は人力ではできないので、能の神様みたいな存在がいて、場に下りてきてくれるから引けるものですよね。「私がやっています」といった「場の主宰や支配」とは違うと思うんですよ。本来の「結界」や能の神様が降りてくる「場」は。

内田　そうですね。たしかに違います。

## 戦闘と暗殺——殺意を扱うということ

**光岡**　いままでは武術でも使われる間や拍子も能の言葉だったという話でした。ここで再び『暗殺教室』に戻りたいのです（笑）。というのも、この作品での間を詰める描写が優れていることについて話したいからです。さらに言えば、作者の松井優征さんは武術における戦闘と暗殺は違うことをきちんと理解しているからこそ、ああいった間について描写できるのだと思います。特に潮田渚《しおたなぎさ》という登場人物が興味深いです。彼はクラスで一番弱くて、容姿も女の子みたいで華奢《きゃしゃ》なキャラクターです。

**内田**　渚くんは他人の顔色を読むのが上手なんですよね。その背景には、母親に虐待されていたことが関係しています。他人の発信する毒々しいオーラに敏感で、相手の表情が変わるだけで状況がわかる。これはその通りだと思います。身体的に弱い人は、ある種のセンサーの感度がよくなる。それは代償として当然なんです。断食をした後に視覚聴覚が鋭くなるのと同じで。栄養補給が足りないわけですから、走ったり戦ったりする力は落ちている。だとすると、危険の接近を遠くから感知できるように、視覚や聴覚が過敏になるのは生物として当然だと思います。

**光岡**　戦闘と暗殺はなにが違うかと言うと、戦闘においては強さの誇示は必要です。しかし、暗殺においては、一見弱そうに見えることが有利に働いたり、あるいはその「弱い」ということそのものが真逆の強さとして発揮されます。

まったく人を傷つけなさそうな姿をしているし、そういう気配もない。当然、相手からなめられます。しかし、そのことによって勝機を得るのです。一瞬にして豹変《ひょうへん》する。というより殺気を出す。そういう人が殺気を出す時はもう手遅れです。相手はやられています。

しかし、戦闘と違い、こうした暗殺は特別なことではありません。誰でもできます。想像できないことでもないと思います。

**内田**　いや、できませんよ（笑）。

**光岡**　そんなことないですよ。たとえば国の法律で「恨みがあるなら誰を殺しても免罪するから殺《や》っていいです」と、一見「マッドマックス」の世界のような無法地帯的ルールを国家が設けたら簡単にできてしまうし、殺る人も確実にでてきます。また、倫理的にどうかは別として、技術的にはできます。それも、何も武術、武道だの剣や武器の稽古をしなくてもターゲットが駅のホームで電車を待っている時に後ろからポンと電車の前に突き落とせばいいわけです。自

鷹岡を制する渚
松井優征『暗殺教室』第5巻第41話「才能の時間」より

分の中で大義名分が立てば人は平気で人を殺せます。国家や宗教など自らの信仰対象となる思想からOKを貰えれば最終的には自分の意志ではなかったとの言い訳も錯覚できるので特に難しくない。

もし、私が誰かを狙ったら絶対に外さないことがわかるので、誰しもがその可能性を持っていることもわかります。このことを誰しもがわかっているからこそ、互いにそこでブレーキをかけて共存しているんですよ。

以前、精神科医の名越康文《なこしやすふみ》先生と立川の朝日カルチャーセンターで対談した時、「人間、あのイラッとする瞬間があるけど、あれは殺意ですよね」とおっしゃってましたが、まったく同感です。本当にそうなんですよ。夫婦が互いにイラッとした時、頭の中では首を絞めて殺しているわけです。気持ちがイラッとした瞬間、本当は見えない刀で相手の首をバサッと刎《は》ねている。武術の技量云々とは別に確実にそういうことを心理的には平気でできてしまうところが人間にはあります。それを私たちはどこかで直観的にわかっているからこそ自省し、イラッとする程度のことで済ませている。それで殺らないで済んでいるし、思いとどまって止めている。もし、ライオンなど野生の獣がイラッとした時には……。

**内田**　もうすでにガブッと噛《か》んでいますよね。

**光岡**　はい。だから人には自省する力があり、倫理観や道徳心、良知良能[*8]により行為と感情の狭間にタイムラグが生じて即座にやらないで済んでいる。武術を行う意味もそういうところにあるのかもしれません。人間にも野生の獣と同じくいとも簡単に他人を殺《あや》めてしまえるところがあります。しかし一方で殺意の意味を自省し、行動に移す前に考えることができます。本来の武術にはそういった存在意義があるかと思います。

しかし、いまの社会で貢献できるのは、合気道のような現代武道のほうかもしれません。以前、内田先生が私に披露してくださったエピソードがありましたよね。あまり人と接することができなかった神戸女学院の女の子が合気道をすることで初めて人と触れ合えたり、接することができたという。

**内田**　ええ、そういうふうに間近に人の変化していく様子を見ると感動しますし、僕が合気道を教えている理由はそれだと思います。

**光岡**　その話を聞いて感じ入ったんですよ。たしかに、私がカリやシラットの殺傷性の高い実践に用いられる技ができ、教えられたところで、現代社会に直接的に貢献しているかと言ったら疑問も大いにあります。内田先生のやっておられることのほうが社会的には意義があると感じてしまう自分もいます。

でも同時に、私の立場から言うと、「武術、武道のルーツを忘れないでほしい」というのがあります。今日まで残っている武術の流派は結局のところ勝者なのです。

相手を斬り、暗殺してきた側であり、殺されたほうはなにも残していませんし、残せません。武術にはそういう業の深さみたいなところがあります。武術に携わる限り、歴史的事実は避けて通れないし、やはりきれいごとだけでは済まされない。武術の原点にある業を押さえておき、考えておかないといけない。そうでなければ、人はまた性懲りもなく戦争を起こしますし、イラッとでは止まらずに、実際の行動に出るでしょう。

## 戦争と身体不在の殺人

**光岡**　そういうことについて考えていると非常に問題だと思うことがあります。戦争に対する議論は活発になっている一方、戦場に出るにあたって「人を殺し、自らが殺されることについてどう自分で納得するか」という思想的な背景が、おそらくいまはもうなくなっていることです。

**内田**　そうですね。アメリカを見ても、戦争はしょっちゅうやっているのだけれども、その戦争をやっている時の兵士の殺人への動機づけとか、人を殺した後にどうやって自分の心理的な葛藤を処理するか。そうしたことについては十分な研究があるようには見えません。帰還兵の自殺がアメリカでも問題になっていますね。

**光岡**　実際に行ってから慌てふためいてもしょうがないので、事前にできることを個人レベルでもしておくことが大切です。私がハワイで指導していた中にはアメリカ軍の兵士もいました。イラクやアフガニスタンへ行って少し精神状態がおかしくなった人もいれば、大丈夫だった人もいます。

**内田**　違いはどこにあったのでしょう？

**光岡**　戦場へ行く前から身につけていた、体からみなぎる自信の有無です。スカウトパイロットのスティーブという旧光岡道場の方がいます。スカウトパイロットというのは、アパッチやコブラなどの軍用攻撃ヘリコプターで砂漠や森の上を当てもなく二、三時間ぐらい飛び回り、ゲリラがどこに隠れているかを上空から見て捜していくという仕事です。彼はイラクとアフガニスタンへ行き、五〇〇機くらいのヘリコプターを指揮していました。

アメリカによるアフガニスタンやイラクへの攻撃を肯定、支持するつもりはまったくありませんが、スティーブは戦地の現場に長年にわたって居ながらも精神や心が壊れなかった人のうちの一人です。それがよいかどうかはここではいったん保留することとして彼はふだんから空手をやり込んでおり、かなり身体を練っていました。彼の心が壊れなかった背景には、そのように空手の型を通じて自分の身体をつくっていたこともまちがいなく関係しています。

一方、壊れてしまった人は武術に対しても常に観念的な答えを求めていました。それは一見冷静な考え方だと日常的には思われがちなのですが、実際の武術的な観点から言えば体から離れたところで武術を学ぼうとしていたことになります。だから空軍特殊部隊パラレスキューにいた彼のほうは私に「よく効くコンビネーションを教えてくれ」などとよく言っていました。

物事をテクニカルに捉えようとすると決まって観念が絡んできます。要はコンビネーションみたいな必勝のパターンを学べばなんとかなる、そう思った先にあるのは、他者の意見をベースに自分の行動を判断することです。外部から自分を規定することでしかないわけです。自分がどう感じているか。自分がどう決定するか。それらをわかった上で、ほかの意見や技術を参考にするのとは異なります。自分を知るまでの過程で、外部からの教えなどで自分を知るということは初心のころには必要ですが、戦場といった過酷な状況では初心者の観念だけで正気を保つことなど無理でしょう。

**内田**　アメリカの帰還兵は年間約二五〇人が自殺しているそうです。実際に病院に収容されたり治療を受けている人たちはその何十倍もいると言われています。帰還兵のアフターケアにかかるコストは国防予算から支出されるわけですけれど、それが莫大《ばくだい》で問題になっています。病気になったり自殺したりするのは、多くが陸軍か海兵隊の地上戦経験者だそうです。実際に自分の銃で非戦闘員を撃ち殺したり、子どもを殺したりして、「返り血を浴びた」経験は、飛行機からミサイルを発射するとか、ドローンを操縦するとか、艦砲射撃をするとかいう「きれいな戦争」とは経験の質が違うんでしょう。

イラク戦争でサマーワでの人道復興支援に派遣された自衛隊も同じような状況だと思います。イラクから帰還した後の自衛隊員の自殺者は二〇一四年度末で二九名だそうです。これについて政府は普通の数字で、なんの問題もないという見解ですけれど、後方支援で迫撃砲やロケット弾などで攻撃されて、死者が出なかったにもかかわらずこれだけのＰＴＳＤ(Post Traumatic Stress Disorder：心的外傷後ストレス障害)を抱える帰還者が出る。実際に殺人経験をした場合に、それがどれくらい精神にダメージを与えることになるか、政府はほとんど考慮していない。そういう中で安倍政権は派兵も可能にしてしまいました。

**光岡**　自衛隊員といえども、これまで生きてきた中で受けた教育の大半がバーチャルなものでしょう。だからスティーブみたいに戦場から戻っても社会に軟着陸できるような、事前に練られた身体から来る自信をもつのはなかなか難しいと思います。

明治だとまだ江戸時代の名残りがあるから当時の人は足腰がしっかりしているし、肚《はら》も据わっていて当人の判断が頭でなく体感から迷いなく出ている。そのように他人にどんなことを言われても、自分で最終的に結論を出し、判断できる人がいたのだと思います。いまはそれが難しい。

いたしかたなく戦争が始まって戦場に立ったとしても、そこから戦争を終わらせられるだけの体力が必要となります。無闇に人を殺害するうんぬんではなく、終わりを導けるだけの身体と体力がいまの教育では養えないのです。

## 人間の自信はどこからうまれるか

**光岡**　人間の自信は観念や概念ではなく、体から自然と漲《みなぎ》るようにやってきます。その自信の源はどこかというと足腰と肚の確かさです。ところが現代みたいに子どものころから椅子ばかりに座り大事な成長期の大半を椅子の上で過ごすと足腰や肚がなくなっていかざるをえないのです。

実例でそのことについて感じてもらいたいので、ちょっとこちらの椅子に座ってみていただけますか。そして学校で勉強しているような、ものを書く姿勢で足腰に力を入れてみてください。

**内田**　うまく力が入らないですね。

**光岡**　そうですよね。多くの人は、一番物事が身につく六歳から一八歳くらいまでをこうして座って過ごすわけです。いわば私たちは、足腰を消していく稽古はふだんからものすごくやってきているわけです。どうしたって人間は足腰が立たないと根本的に自信が持てないものです。たぶん、昔の農民や商人はみんなそろって根拠のない自信を持っていたと思います。いざという時は、自分でなんとかする。そういう自信がなぜあるのか、本人だってわからないでしょう。そういった環境の中で自信は自然と身につき身体から立ち上がってくるのです。

デスクワークには足腰や肚は関係ありません。動かしているのは胸から上だけです。古の時代では普通にあった身体を失っているし、無論足腰や肚は感じられない。とはいっても、やはり生きているわけですから、なにか身体っぽいものがあるのはわかるけれど、それに対してはアクセスする術《すべ》がわからず、一切無力という感じにしかならない。自分が幽霊のように足腰のない状態になっています。

**内田**　なるほど。そういえば寺子屋を描いた絵では、子どもらはそこら中を転げまわったり、框《かまち》から落っこちそうになっているんですが、あれは椅子ではなく地べたに座っているから生まれる動きなのですね。

**光岡**　そう。地べたで生活するからこそ発生する体がそこにあります。いまの環境では足腰や肚が消え、ぜんぶ気持ちが頭や肩に上がっています。たいていの人はそうでしょう。スマートフォンを使っているだけで足腰が抜け、身体がすっからかんになる感覚になりませんか？　そういう頭しかない状態でイデオロギーに引っ張られて、観念の世界に泳がされたまま兵隊として戦場に出される。そこで初めて殺し殺されるという生身の現実に直面したとしたらちょっと太刀打《たちう》ちできないでしょう。正気を保つだけでも相当厳しいかと思います。

しかしながら問題はそれだけに留《とど》まりません。身体からどんどん離れたバーチャルなイデオロギーに引っ張られたとしても、その世界でできる身体観ももちろんあるからです。それは足腰のある身体観ではなく、想定内の自分をつくり、そういう頭で描いた身体の自分でバーチャルに物事を行い、外の世界とのタイムラグをどんどんとつくっていく。そういうところで成り立つ身体観です。そうなると実際の身体と精神の乖離《かいり》がいよいよ激しくなります。

## 現代日本人は戦争に適応できない

**光岡**　このような状況に合わせてなのでしょうが、軍事訓練も変わってきています。スティーブによると、ヘリコプターの訓練にあたってはヘリコプター・シミュレーションをゲームの操縦で覚えさせるような訓練もあるそうです。軍事訓練自体もどんどんリアルではなくなっているところがあるようです。よりバーチャル化したほうが感情を働かさないで済むし、ゲーム化したほうが戦場に出た時、ゲームの延長線の感覚で人を殺せます。それは冷静さとは違う愚鈍な冷徹さを生みます。

スティーブ自身は「自分は実際に人を殺している」という自覚をもっていました。けれども、戦場に出て正気を失いゲーム感覚が強くなると、トリガーハッピーになって、人を殺すのが楽しくなる人もどんどん出てくるわけです。人を殺すことがゲームで点数をとる得点感覚になり、リアリティから離れ、ゲームをしているマインドへと変わっていくのです。

**内田**　ドローン攻撃は、その典型ですよね。

**光岡**　そうですね。でも、バーチャルな感覚のまま戦争した人たちのほうが後々たいへんなようです。なにせ念頭のバーチャルな戦争経験はどこに行っても付いてまわり、日常に戻れないのですから。だから現実否定を続けて壊れるか、死ぬまで戦場にいるしかなくなるんです。

**内田**　そうなるとアメリカがなぜ日本に集団的自衛権行使を強く要請してきたのか、その理由がわかりますね。ドローンを飛ばしたり、ミサイルを撃ったりという「きれいな仕事」は米軍がやる。その代わり、地上部隊を派遣して、パトロールをしたり、施設を守ったり、検問したりという、一番テロに遭いそうな危険な仕事は自衛隊にやってもらいたいということではないでしょうかね。

**光岡**　自国の兵隊は使わず他国の兵を前線で使うことは、なにも兵法として新しい手ではありませんね。

**内田**　アメリカは中東では民間の警備会社を使って兵站《へいたん》などの任務を肩代わりさせています。あれもすごくコストがかかるそうで、比べて自衛隊はただで使えます。

アメリカはいま地上部隊を戦地に送ることに怯えています。戦場に連れていかれる若者だって、身体の下ごしらえのないバーチャルな感覚のままだから、人を殺した場合に受け止めきれない。やってしまったことを身体で受け止め、その後の人生を生きるということはできない状態です。

**光岡**　軍隊とはいえ、そこは欠落している時代です。先ほどのお話のように、イラクに派兵された自衛隊員もけっこう自殺していますよね。

**内田**　後方にいて、直接戦闘に参加していなくても、実際にはいつテロに遭うかわからない。いつ、どこから、どういう形で攻撃されるか予測ができないという恒常的な不安の中にあることからも兵士は強い精神的なダメージを受けるようです。

**光岡**　待ちの状態で自分を保つほうが難しいのは確かです。先述のスティーブの話によれば、「一流になるとどんな状況でも待てる」。反対に「待ち切れず飽きるとやられる」のは必至だそうです。実際、彼の部下たちの中でも失敗するのは必ず「慣れて飽きた」人だそうです。環境に慣れた人が飽きたら余計なことを必ずと言っていいほどするそうです。ヘリコプターで、絶対に行ったらいけないところへ「大丈夫だろう」と勝手に判断して飛んでしまう。たとえば谷間です。

　上空にいる時、下から撃ち落とされる確率は少ないけれど、谷間に入れば話は別です。狙撃する側からすればヘリコプターが水平に並ぶから格好の標的になります。その場合はだいたい撃ち落とされるそうです。だから谷間の飛行はタブーなのですが、わかっていても近道だからとか、大丈夫だろうと、そこを通ろうという部下の操縦士が必ず出てくるそうです。もう何日も経っているし、なにも起きていないから大丈夫だと思ってしまう。そこで慢心して撃墜されるわけです。

**内田**　なるほど。おっしゃったような話は他人事ではありませんよね。日本が武力行使にコミットすれば、そういうことが自衛隊にも起こりうる可能性があるわけですから。

**光岡**　それは十分ありますね。

**内田**　自衛隊員には実戦経験がありません。後方支援といっても、アメリカが引き下がったところに自衛隊を出すことになれば、非常にリスクの高い局面に遭遇することになります。生きて帰れない人も出てくるでしょう。

**光岡**　かりに生きて帰ったとしても帰還兵など別の問題が起きます。また、自衛隊のパフォーマンスが高いと、アメリカは軍事力として再び使いたがるでしょうし。

**内田**　それ以前に僕は現代日本人は戦争に適応できないのではないかという気がします。単純に個々の自衛隊員が身体能力が高く、兵器の操作能力が高かったとしても、です。

**光岡**　それは正直、厳しいでしょうね。高度成長期以降に育った層の人々の身体と精神がついてこないかと思います。

**内田**　派兵された戦地で人を殺し、自分の周りで人が殺される。自らも負傷する。いまの日本には、生活文化の中に「普通に市民生活を送っていても、ちょっとしたきっかけで人を殺したり殺されたりすることは避けられないので、常住座臥《ざが》『殺す、殺される』という極限状況に備えて心と身体を整えておきましょう」ということがありません。七十年近くも自衛隊は戦闘経験がなかったし、前線に立つ自衛官を教えている教官たち自身ももう戦闘経験のある人がいない。「こういう場合には、こうする」ということを日本人の指導者は教えることができない。

近代的な軍装がありますから、標準的な戦闘場面では対応できるかもしれませんけれど、たとえば、前線が崩壊して指揮系統がばらばらになった時はどうか。そういう場合でも、自己判断で最適な戦闘行動を継続できるかどうか。負傷して敵地に取り残された場合とか、捕虜になった場合についての心身の備えがあるか。そういう「どうしていいかわからない時」に適切に振る舞うための教育というのは、実際に戦場で修羅場をくぐってきた上官から一対一的に教えてもらうしかないと思います。

## あなたの技でなんとかしなさい

**光岡**　もし政治的に戦争を語るにしても、実際に戦場にいくにしても、戦争を肯定する者は裸一貫で戦える技と術をもつ必要があると思います。そうでないと戦争を遂行するにあたって最低限の説得力もありません。肯定しているならば、それを個として実証できないと嘘になります。それは武術の場合は大前提です。

とはいえ、その前提すら共有されていない時代なのだから、さしあたって武術のルーツについてもう少し話したいと思います。そこで紹介したいエピソードがあります。以前に韓氏意拳の指導をしている鹿間裕行さんが「オウム真理教[*9]みたいな新興宗教と韓氏意拳はどう違うのか?」と生徒の一人から聞かれたことがあります。私も彼の後に同じ質問を同じ方にされ考えたのですが、結論は「あまり変わらない」です（笑）。ちょっと違うだけ。また、鹿間さんの答えも同じだったそうで安心しました。

**内田**　ちょっとだけですか。

**光岡**　たぶん、彼らも社会システムの枠組みで物事を決められるのは嫌だ、そうではないところでなにかやりたい、と思ったのでしょう。その点においては似ているわけです。さらに言えばどちらも思想はある。そうでないと人は集まりませんし、動いてくれませんから。

とはいっても、なにもこれは韓氏意拳に限った話ではないかもしれません。どこが違うか考えてみないと、どの武術であれ無自覚にオウム真理教になっている可能性は高いでしょう。だから少しまじめに考えてみたのです。

彼らとなにが違うかと言ったら、武術はやはり個人レベルで武術的に「なら、やってみせろ」というところに尽きます。私が剣なりカリの棒なりで打ち込むから、「あなたの技でなんとかしなさい」と。要するに技術と技量とその人の言うことが相応していたらさほど問題はない。武術というのは、そこが甘くない。

いまの社会システムや教育制度を踏まえた上で社会に貢献するのだとしたら、それこそ七〇億人すべてが合気道家になる計画はいいと思います。ただ社会貢献だけをいえば、スポーツとしての武道もあります。これにしても、ある程度の効能はあるかもしれません。

しかしながら一方で、「それは本当の武術なのか?」と問うた時、きちんと答えられるのかが武術家、武道家として問われます。あなたの柔道や剣道の技で凶暴なカリの攻撃をなんとかできるのかと問うた時、ここは技術論になってきます。結局そこだけは「できるかできないか」の話になります。武術的には白黒がはっきりしています。

私が『暗殺教室』を好きな理由もそこです。白黒が明らかです。殺す技術をすべて教える。習得しないと一年後に地球が破壊されるから学ぶほうも必死です。「できるかできないか」が明確に問われます。暗殺に成功する可能性が一番高いのはE組の生徒で、つまり師ともっとも近い存在です。互いに支配と被支配の関係を踏まえた上で、切迫したギリギリの状況の中でなにかを学んでいく。『暗殺教室』の場合は個々に合った暗殺技術と勉学、言い換えれば野性と社会性、両方での生存方法を学習しているわけです。ここは、これからの武術を考えていく上でまじめに考えていかないといけないところです。

**内田**　武術とは白黒はっきりしているものだと僕は実はあまり思っていないんです。僕は武術の稽古を教育活動だと思っていますから。その目的はなにかと言えば、とにかく「この後も人類が繁栄していきますように」という大きな願いの達成です。

教育に携わるとわかるのですけれど、教育の主体は教師個人ではなく、「教師団《ファカルティ》」なわけであり、教える相手も「若者たち」という集団なわけです。教えるほうも集団、教わるほうも集団。僕ひとりでできることには限界がある。自分の手が届かないことについては、「同僚たち」に委ねる。僕はとりあえず僕にできることをする。僕にとって修行の目的は、自分の属する集団の若い同胞たちの成熟を支援し、彼らの生きる知恵と力を高めることです。その目的を達成するために僕自身の教師としての能力がほかの教師に比べて卓越しているかどうかということは、はっきり言って、どうでもいいことなんです。それに、比べられるものでもない。僕には僕にしかできないことがある。僕にしか教えられないことがある。だから、それを教える。そ

凱風館で合気道の指導をする内田

れだけです。

僕は個人の能力の優劣ということにそれほど重きをおいていないのです。それより、さまざまな能力を持った個人が集まって、集合的な叡智《えいち》を形成して、それを機能させることのほうが大切だと思っています。僕が個人として生き残ることももちろん大事ですけれど、それよりも僕の属する集団が種として生き延びることのほうが人類的には大事だと思う。そのためには使える資源はなんでも使う。いろいろな人がいろいろな場で、生きるためのいろいろな知識や技術を教える。そのためにさまざまな学校があり、職業教育の場がある。僕のところのような街場の道場もその中の一つに過ぎないと思っています。

**光岡**　それも、たしかにそうですね。社会の中での生存も同じく重要ですね。ただし、その場合も集団が種として生き延びるには一人ひとりが生き延びる術や技を個人レベルで持っている前提が必要となります。

**内田**　一人ひとりにとって生きる上での武術の重要性は違います。合気道の稽古に大きなものを期待している人もいれば、自分の生活の一パーセントぐらいという人もいる。さまざまな関わり方があります。僕としては、この場を通じて一人でも多くの人が生物として強くなってほしい。「生物として強い」というのは、個体間の勝ち負けとは基本的にまったくレベルの違う話なんです。

**光岡**　生き残ることが目的だとしても、サバイブする上での勝ち負けは無関係ですか？

**内田**　その場合の勝ち負けは、同じグラウンドにいる人同士の「どちらが強いか」の競争ですよね。でも、「生物としての強さ」は、そういう個体間での勝敗強弱巧拙の差によってでは示されない。集団として生き延びるということです。ティラノサウルスと小型齧歯《げっし》類では、どちらが強いかを競技場で競わせたら、ティラノサウルスが必ず勝つ。戦闘力が桁《けた》違いですから。でも、気象の変化や、植生の変化や、生態系の変化というような淘汰圧を生き延びることができたのは齧歯類でした。僕はそちらのほうが「生き物として強い」ということだと思っています。それに、現代では、いきなり街角で棒を持った人に「さあ、勝負しろ」と言われるような状況って、確率的にはほとんどないでしょう。

**光岡**　でも、自然界のように生き死にがかかった中で片方が死ぬということに関しては別に条件は問いませんよ。たしかに逃げられる場合は逃げたほうが良いのです。逃げられるうちはそれも兵法としてはありかと思います。最終的に逃げられなかった時にどうするかを武術の場合は稽古や技で考えおく必要があると私は考えています。

**内田**　僕はできるだけ生き死にがかかったような場面には遭遇したくないです。そういう局面に遭遇したくないので、できるだけ家から出ないようにしているわけで（笑）。

**光岡**　私も遭遇はしたくないですが、生き物として生き死にに常に寄り添って生きている事実があるように、生死が問われる場面は希望的観測ではどうにもなりません。したがって本来の武術、武道や宗教の大前提は生死の受け入れから入ることであり、生死を避けて通ることではないはずです。武術、武道の稽古とは、その〝どうしようもない〟なかで如何《いか》にするかを普段の稽古で観ていくことにあります。内田先生がおっしゃることも踏まえた上で〝生死がかかった時の技と術〟を考慮し磨いておくことが武術、武道を稽古することの本義かと思います。

## 「学校体育は全然ダメでした」という人は見所がある

**内田**　ですから武術的に強くなりたい人は光岡先生のところに行っていただいてですね（笑）。僕のところには、「生き物として強くなる」という非常に迂遠《うえん》な方法を学びたいという人に来ていただく。うちはあくまでうどん屋ですから「ピザ下さい」と言われてもお出しできない。そういう方には「ピザが食べたいなら光岡先生のところに」。

**光岡**　分業化ですね。しかし、武術的な強さはピザ屋ですか（笑）。

内田　人間の身体能力を開発するためのプログラムはほとんど無限にあるんじゃないかと思います。僕の場合は、先ほども申し上げましたけれど、ストレスに弱い人たち、体力に自信がないという人たちに広く門戸を開いています。弱者向きのプログラムなんです。それはたとえばオリンピック強化選手をトレーニングするためのプログラムとはまったく違う。

合気道は僕の考えでは、学校体育にうまく適応できなかったせいで、自分のことを身体能力が低いと思い込んでいる人に向いている。学校体育で身体がのびのびと動かなかった理由の一つは、「やらされていることが生理的に嫌だったから」です。やらされていることの意味がわからない。どうして、あんなかっこわるいジャージを着なきゃいけないのか、どうして体育教師のがさつな言葉遣いに耐えなくちゃいけないのか、どうして整列したり、校庭を何周も走らなければいけないのか、「意味がわからない」という子どもはたくさんいる。その中にどうしても「そういうこと」に我慢ができないという人が一定数いる。僕はそういう「自分の生命力を萎えさせるタイプの入力」に対して「我慢できない」という身体反応をする子どもは武道に向いていると思っています。武道的な身体感覚の基本は「自分の生命力を減殺させるものの切迫」に際してアラームが鳴動するということです。そもそも体育の時間が楽しくて仕方がないという人の身体能力とは別に、ある種の教育プログラムに身体が拒否反応をするというのも僕は武道的センスだと思います。
不登校だって、そうだと思う。僕自身が小学校は不登校で高校は中退です。どちらの場合も、「このまま学校に通っていると身体に悪い」ということが実感されたので、学校に行かなくなった。
**光岡**　私も学校は嫌いでした。それで武術に向かったほうかもしれないです。しかし、本来ならそこから身体が拒絶したくなるような衝動を自らの肥やしへと変えてしまい、相手に応じることが武術、武道を稽古することの意味かと思います。敵の力や攻撃性を我が肥やしとし力とすることには合気道、合気柔術などの〝合気〟の根本的な考え方や原理もあるかと思われます。
**内田**　制度的に強制されていることから逃れたくなるというのは、自分の生命力を維持するための弱者の緊急避難的な行動なんだと思います。あの時の学校は僕にとっているべき場所ではなかったということです。あのまま我慢して学校に行っていたら、僕の中のなにかが壊れて、取り返しのつかないことになっていただろうと思います。
**光岡**　たしかに、苦手なことを肥やしにする場合には自分のペースで壊れないよう、制度的に強制されている環境になじむ必要はあります。

## 植芝盛平翁のたたずまい

光岡　内田先生と合気道の関わりにはそういう背景があったのですか。けれども、たとえ学校体育であっても、教える人がうまかったらその後の展開はまた違ったのではないかと思います。ちなみに植芝盛平翁は技を行うほうでは天才的な人でしたが、教えるのはあまり得意ではなかったという話を聞いていますが、本当のところはどうだったのでしょう。

内田　教わる側のマインドセットによるのではないですか。

光岡　それだと教えるのが上手じゃないことになりますよ。教わる側の力量次第であれば、教える側の指導力とは無関係になるわけですから。

内田　どうなんでしょう。

光岡　私はそういうふうに考えています。最初に教わる側は常に無垢《むく》な状態で道場や稽古場といった指導者が圧倒的に支配的である環境にくるわけですから、その来た人が〝教わることができるか否か〟は教える側の指導力にかかってきます。習いにくる側はくること自体で全てコミットしているわけですから、それこそ『暗殺教室』の殺せんせーと生徒たちの関係のように指導する側のリードが常に生じるので、どのような道場生や学生が来てもその生徒に新たな世界観を伝えられるか否かは指導者としての課題となります。習う本人がどう受け取るかは別として、いままで体験したことのない身体観をここで体験できるか。いままで観たことのない自分に自らの身体を通じて出会えるか。その経験が新しい可能性を本人のなかで開くことになるので、指導者としての私にとってはすごく重要なことですし、その場合には全てが私に委ねられています。ただ、最初のうちは本人は全てわからなくてもいいんです。「なんかわからなかったけどおもしろかったです」と言ってくれたら「よかったら、また来てください」と返し、あとは本人の意志にまかせます。

**内田**　大先生に関して、多田宏先生[*10]から伺った話がいくつかあります。大先生の技がどうだったという話はあまりされない。それについては映像資料が残っていますから、それをよく見るように、それから道歌をたくさん遺されているので、それを読むように、などと直接大先生の遺された資料にアクセスするように指示されました。

多田先生がよく話されるのは、大先生の「人柄」を語るエピソードですね。多田先生が一九五〇（昭和二五）年に植芝道場に入門されて一週間くらい経った日に、それまで地方へ出かけられていた大先生が戻って来られたそうです。抜弁天の都電の停車場で降りてこられた大先生に、ちょうど稽古が終わった多田先生と先輩が行き会った。その先輩が「こちらが今度入門された多田君です」と紹介したら、大先生が帽子を脱がれて深々とお辞儀をして「植芝でございます」と言われたそうです。入門したての学生に向かって、伝説的な名人が帽子を取って深々と頭を下げた。その時のことを多田先生はよく話されます。その植芝先生のたたずまいが印象に残った。でも、その話には別に「武道家はすべからく礼儀正しくあるべし」とかそういう定型的な教訓がつくわけではないのです。帽子を取って「植芝でございます」と言われた。その時大先生が発していたオーラがそれまでどんな武道の先生から受けたものとも違っていた。多田先生の当時の手持ちの語彙《ごい》では形容できないようなものに出会った、と。その経験を伝えようとしてこのエピソードを繰り返し語られるのだと思います。

もう一つ印象深いエピソードは、多田先生が入門された一九五〇年は敗戦からもう五年経っていたのですが、六〇畳ほどの広さの道場の端のほうにはまだ被災者が住んでいたという話です。

**光岡**　近隣の人が道場で暮らしていたのですか。

**内田**　空襲で被災した近隣の人たちが緊急避難的に植芝道場へやってきて、そのまま道場で暮らしていた。その人たちが生活している横で、合気道の門人たちが稽古していたわけです。五

合気道の開祖・植芝盛平（写真提供／ユニフォトプレス）

年にわたって被災者に道場を開放したままだった。植芝先生は「出ていけ」というようなことをおっしゃる人ではなかった。

**光岡**　本当のところ、内心どうだったのでしょう。

**内田**　「ええ加減にしてほしい」と思っていたかもしれませんけれど（笑）。でも、その道場が避難所であったということは僕にとってはとても印象深い光景なんです。僕にとっての道場の原風景は、実際に見たわけではないけど、一九五〇年の植芝道場なんです。そういう形で「逃れてくる人たち」に開かれていることが必要だと思うんです。

それともう一つエピソードがあります。これが一番印象深いです。多田先生が初めて大先生の受けを取った時の話です。大先生が手を出したので、とにかく握った。そのまま投げられた。まだ入門したばかりですから、自分がどうやって投げられたのかもわからない。四方投げだったのですが、畳に叩きつけられる寸前に、先生が片手を出して多田先生の後頭部をフワッと押さえてくれたそうです。植芝先生の技を経験した最初の印象が、完膚無きまでに叩きのめされたということではなく、大先生の柔らかい手でスッと後頭部を守ってもらったことだった。

このようなエピソードを多田先生がよく話されるということは、ここに「合気道とはなにか」ということについての手がかりがあるということでしょう。

僕自身は被災者が道場に寝泊まりしていたという話に強く打たれました。「愛と和合」というのは単なる精神訓話ではなく、文字通り、行き暮れた人たちのための「アジール」[*11]を提供することだと植芝先生が実践されていた。

道場は稽古をする者にとってはきわめて神聖な場所ですけれども、それよりももっと優先することがある。住む家を失った隣人たちを迎え入れることのほうが、道場での効率的な修行よりも優先する。世を救い人を救うために武道があるのなら、武道の稽古のために行き場のない人を追い出すことはできない。そのあたりに合気道の本質があると、多田先生は感じ取って、それを僕たちに伝えようとされているのだという気がします。

大先生は一九四三（昭和一八）年に合気道についての考え方が一変した。武道は人を殺すための技術ではなく、人を活かすための技術だと、発想が変わられた。戦後、多田先生が入門されたころは、その転換のすぐ後ですから、日常のたたずまいにそういう質的転換がはっきりと現れていたんじゃないでしょうか。

**光岡**　そうですね。その時代を象徴するエピソードですね。

＊1　**観世流**　能におけるシテ方の五流派の一角。大和猿楽四座の一つ結崎座から出た流派で、室町幕府三代将軍足利義満の時代に観阿弥、子の藤若（世阿弥）の芸が寵を受け、以後栄えた。

＊2　**猿楽**　申楽とも。平安時代の芸能の一つで、ユーモラスな物まねや言葉による芸。唐から伝わった散楽の影響下に成立。

＊3　**式楽**　公儀の儀礼に採用された音楽や舞踊。江戸幕府においては能楽。

＊4　**『兵法家伝書』**　江戸時代初期、柳生新陰流の剣客柳生宗矩によって書かれた兵法の伝書。「殺人刀」「活人剣」など流儀のコンセプトを記している。

＊5　**『五輪書』**　江戸時代初期の剣豪宮本武蔵が残したとされる伝書。兵法の奥義を地、水、火、風、空の五巻で説いた。合理的かつ具体的な身の使い方を記述。晩年の流儀二天一流のテキストとも言われている。

＊6　**ポリリズム**　音楽でパートごとに異なったリズムが同時に演奏されること。

＊7　**「花月」**　作者不詳。四番目物（雑能）。行方不明になった七歳の子を探す父は僧となり、九州彦山を出て諸国を巡り、京の清水寺で花月という喝食の話を聞く。花月が現れ舞いを舞うが、僧が我が子ではないかと思い名乗ると、親子であることがわかり再会を喜ぶ。その後、父子一緒に仏道修行に旅立つ。

＊8　**良知良能**　人が生来持っているとされる正しい心の働きのこと。出典は『孟子』尽心上。

＊9　**オウム真理教**　麻原彰晃（松本智津夫）を開祖とするかつて存在した仏教系の宗教団体。一九八〇年代から活動したが、一九八〇年代末から一九九〇年代には生成した神経ガス、サリンによる

テロをはじめ、拉致、誘拐、殺人等多くの反社会的な事件を起こした。

＊10　**多田宏**　一九二九年生。合気会師範（九段）。植芝盛平に師事し、イタリアをはじめ世界各地で指導。

＊11　**アジール**　歴史・社会的なコンセプトで、「聖域」「自由領域」「避難所」「無縁所」などの領域を指す。

# 第三章　生存のための学びと教えの作法

書の筆の持ち方、道具の扱い方を棒で説明する光岡

## 教育はビジネスではない

**光岡**　内田先生もご自身の道場で指導される立場ですからこの問題に直面したことがあるかと思いますが、近代の武道は組織化し、拡大するにつれ、確実に生徒を「資本」としてみなすようになりがちです。

古《いにしえ》の身体なりかつての身体性を稽古によって培う。そういった文化的要素が武術の骨頂です。そこでそのような文化としての武術、武道を維持し、普及させようと組織をつくったものの、目的が組織を維持することになってしまう。道場生を広く集めて会費をとり、段位を発行して運営する。武術団体には、そういった学ぶ人を資本としてみなす傾向が強くあります。

**内田**　そのあたりのことは、あまり公然とは語られていないですけれど、やはりビジネスベースで考えている指導者や団体は少なくないと思います。門人を「顧客」だと考えて、他道場を「同業他社」だと考えると、結局は「自分の道場のマーケットシェアをどうやって高めるか」というようなビジネスの話になってしまう。生臭い話ですけれど、実際にそういうことは武道界でよくあることです。でも、僕自身は、先ほども申し上げたとおり、門下生を「顧客」だとは思っていませんし、受け継いだ技術を「商品」として「市場」で売っているというつもりもありません。

**光岡**　武術の探究のために道場なり組織なりを運営していれば、お金は欠かせません。文化の継承には資本はたしかに必要です。けれども、文化と資本は拮抗《きっこう》していかないと、おかしなことになります。

人を資本とみなす考えは、現代では疑われていません。しかし、これはあくまで人間の生産性と効率のよさを求める思考からすれば当然であっても、実際はそうではありません。単純な話、人は物でもなく資本でもないからです。資本にはならないはずだけれど、思考に合わせて効率よく現実をつくろうとする。それもまた人間ですので、資本に還元してしまえます。そこで問われるのが、自己制御がどの程度利くか？　です。

たとえば、私が「会員は韓氏意拳学会にとって資本だ」といったマインドセットに傾いたらもうアウトです。人間を資源や資本とみなせば、やるべきことは自動的に決まっていくので、お金を獲得することや組織維持においては合理的かもしれません。ただ、そういう安易な道をとらないでいこうとすれば、やはり現場に居続けるほかないと思います。

**内田**　最前線に立つ。

**光岡**　ええ、常に上にいながら最前線にいる。上でふんぞり返って、システム任せの自動的な運営にしないことがなによりです。

**内田**　会社でも上層部にいながら現場の仕事をやりたがる人はいますね。

**光岡**　そういう人は現場の事情をわかっているので、あまりまちがった判断をしませんよね。とりあえず、そこはスタートラインです。ただ、表面的な現場主義にもなりえてしまうので、そこも気をつけておきたいところです。「私はトップにいながら現場にも出ている」といったアピールをし、自らも資源になることで、そのがんばりが逆説的に周りの人を資源にし資本化してしまいます。

**内田**　そうですね。大学でも二〇世紀の終わりくらいから「学生・保護者はクライアントである。大学は教育サービスを提供する業者だ」というような考え方が支配的になりました。それなら、マーケットリサーチをして、クライアントに選好されるような教育プログラムを商品展開しなければならないということになる。必死になって市場調査をして、消費動向を予測して、学部学科を改組し、カリキュラムを朝令暮改するようになった。愚かなことです。市場原理を導入したせいで日本の大学はいま瀕死の状態にあります。

**光岡**　それは教育とは言い難いですね。

内田　学生は消費者で、教育内容は商品だと信じ切っている人たちが日本の教育行政を決定しているのです。財務省も文部科学省も、はっきり「教育はビジネスだ」と言い切っています。グローバル資本主義システムに最適化する技術、金儲《もう》けと出世の技術を教えるところだと信じている。マーケットに喜ばれる消費者向けの教育商品を提供できた大学だけが生き残り、顧客にそっぽを向かれたところは消えてゆく。そうすれば最高の質の教育を最低のコストで提供できる最高の学校だけが生き残り、みんながハッピーになる。本気でそう信じているのです。

## 反知性的風潮に潜む自己破壊願望

光岡　そもそも教育効果はインスタントにわかるものばかりではないので、長い目で見る必要があります。

内田　それが理解できない人もいるのです。教育のアウトカムは二十年三十年経たないとわからない。百年経ってもわからないことだってある。学校教育の目的は、集団として生き延びることです。次世代を支えることのできる若い同胞の知性的、感性的な成熟を支援するのが学校の存在理由です。だから、使える限りの資源を投じて、社会全体で若い人たちの教育に当たらなければならない。教育の受益者は教育を受ける若者たちではなく、社会全体だからです。「まっとうな大人」が一定数育たなければ、社会システムは保《も》たない。「まっとうな大人」をつくり出すことは共同体にとって死活的に重要な課題なんです。

でも、これを市場原理で考えたら、先のことなんかどうでもいい。いま、売れる商品が「よい商品」であって、それが身体に悪かろうと、毒であろうと、ニーズがある以上は「よい商品」なんです。商品の中には明らかに「ジャンク」なものがある。つくっているほう、売っているほうだってそれが「ゴミ」だということがわかっている。そんなものを買う人間はバカだと思いながら、市場に商品を流している。そういう商品はいくらでもあります。麻薬だって、兵器だって、「学位工場」が金で売っている博士号だって、買い手がいる限りは「よい商品」なんです。欲しい人がいて、売りたい人がいて、商品と代価の交換がその場でできれば、それで終わる。先のことなんかどっちも考えていない。

**光岡**　それだとかりに商品を扱っているにしても、実際の売れ行きと、商品の質になんの関係もないことになります。

**内田**　そうなのです。市場原理というのは「売れるか売れないか」だけが問題であって、商品の質が「よいか悪いか」は副次的なことなんです。「売れる商品」が「よい商品」なのだから、質については考える必要がない。ビジネスマンたちの信仰箇条である「マーケットはまちがえない」というルールを適用すればそうなる。だから、「いま、マーケットはなにを望んでいるか？」だけが問題になる。

こうした市場化はいまやあらゆる社会制度に及んでいます。政治もそうです。政治家たちにとっての「マーケット」は「選挙」です。そこで「同業他社」と「シェア」を争っているというふうに構図を描いている。だから、「選挙結果がすべて」だということになる。よく汚職議員が当選すると「みそぎは済んだ」という言い方をしますけれど、政治家としての質はどうでもよいんです。どんなジャンクな政治家であっても「マーケットが選んだ」以上「よい政治家」だということになる。そして、一度選ばれた以上、次の選挙までは全権を負託されているという勘違いが起きる。「文句があったら次の選挙で落とせばいい」というのは典型的な市場原理主義者の口ぶりです。

**光岡**　政治家もちょっと体を通じて兵法を勉強したほうがいいと思いますよ。いや、本当にかなえたいことがあるなら立ち回り方はいろいろあるわけでしょう。政治的判断を下すにもまずは体の芯から漲るように出てくる自信に満ちた、逃げや責めを感じさせない発言が聞いてみたいです。

内田　いまの政治家たちは、悪いけれど、兵法の「へ」の字も知らないです。それ以上に、彼らに自己破壊の強い願望を感じます。幕末に武芸六百流派が消えた時に、武道家たち自身に「もううんざりだ」という感懐があったように、いまの政治家たちも有権者自身も、心のどこかで「こんな国、一回ぶっ壊れたらいいのだ」と考えている。そういう人は思いがけなく多いのではないかと思っています。

光岡　それは、壊した後のことまでは考えていなさそうですね。

内田　考えてないですね。政治家たちはなにかにつけ「いまのままではダメだ」と言う。そういう人に「なにと比べて、どこが、どういうふうにダメなのか？」と訊《き》いてもなにも答えない。でも、「いまのままじゃダメだ。全部ぶっ壊せ」という声を聞いて「スカッとする」有権者もたくさんいる。

光岡　スカッとするかどうか。その程度が政治や社会に対するものの見方の基準だということですか？　みんな、一応は子孫がいるわけですよね。

内田　自分の子孫のことなんか考えてないです。でも、そういう無目的な攻撃性や暴力性に共鳴している人はたしかに増えている。

光岡　パチンコ屋に行ってスカッとするのと精神構造や心理傾向は変わらないでしょう。「いまのままじゃダメだ」という発言に溜飲《りゅういん》を下げる人は、そういう単純な攻撃性に同調しているだけです。けれども、その手の暴力性は本人の中でなかなか歯止めが利かないものです。身体を見失いつつある足腰や肚の無い幽霊だから、実の体は薄れ、バーチャルなイメージとしての自分の中にある攻撃性に対してどこでどうブレーキをかければいいかもわからなくなるんですよ。

**内田** だから身体に戻ることがやはり大事になってくる。

## 教育の基本はとにかく誉める

**光岡** そこでまた『暗殺教室』を引き合いに出したいのですが、いいですか?

**内田** どうぞ。

**光岡** 自分の足腰がないと自信にはつながらないという話を先ほどしましたが、改めて言いますと、ここで言う身体観は決して物理的、解剖学的なものではありません。あくまで身体観や体感覚から捉えられる身体の話です。それは解剖図と照らし合わせてわかるものではなく、結局は自分で身体を観ていくしかありません。

自分で生きていく力を自身の中に見つけることが大切であり、言い換えれば教育とは学ぶ人が有無を言わせない自信をもてるように促すわけですが、それはあくまで本人の中で感覚として得られるもので、強いることはできません。
だから教育にできることは、規格品をつくり上げるように人を扱うことではないはずです。一人ひとりの感性に合った教え方しか本当はできない。これは暗殺の仕方もそうです。だから殺せんせーは、その人の個性にかなった殺し方を教える。そこがすごく武術的で好きなところです。

**内田**　個性に焦点化するというのは教育においてまちがいなくもっとも効率的ですね。これは本当に教えていてよくわかります。欠点を指摘して、そこだけ直させるというのは無理なんです。

**光岡**　たしかにそうです。

**内田**　欠点を指摘して意識させると、欠点に居着いてしまう。それだったらむしろ欠点のことは忘れて、自分の長所を見たほうがいい。ほとんどの場合、欠点と長所とは裏表の関係にありますから。

**光岡**　はい。臆病な人は細心だし、傲慢《ごうまん》な人は大胆でもあります。

内田　「もっとも弱いところ」はだいたい裏返すと「もっとも強いところ」なんです。対になっている。僕の武道家としての最弱の点は「身体的な痛みに弱い」という点ですけれど、でもその弱点のおかげで「できるだけ身体的な痛みを経験しないように身体を使う」という技術を選択的に伸ばしてきた。「嫌なこと」を経験してそれから逃れるより前に、そもそも「嫌なことを経験しそうなところに行かない」を選択するようになった。もし「痛みに弱い」という欠点を克服するために「痛みに強くなる」「痛みに耐えられる」ように身体をつくり込んでいったら、たぶん僕の合気道はいまのものとは全然違うものになっていたでしょうけれど、それは武道的にはあまり質のよいものであったとは思えません。欠点を指摘して、そこを過剰に意識させるのは教育的には有害無益だと思います。

教師を三十五年やってわかったことは、教育の基本はとにかく誉めるということですね。これに尽きると思います。殺せんせーも基本的に誉めますよね。

光岡　殺せんせーは誉めるし手入れするのが好きですよね。自分を襲ってきた戦闘機まで丁寧にワックス掛けして返したり、自分をナイフで殺そうとした相手の爪をケアしたり。

内田　支配的でありたがる教師もやはり生徒の潜在能力に関心がある。ただ、方向が逆で、ひたすら欠点を指摘して、生徒と自分の力量の差が開くようにする。たしかに指摘された欠点はその通りなんで、言われた生徒のほうは反論のしようがない。「その欠点を直さなければ、どうにもならない」と言われてしまうと、「はい」とうなだれるしかない。でも、そういう教法では絶対に欠点は補正されないんです。生徒はただ無力感を感じるだけです。弟子と自分の力の差を誇示することで、精神的な浮力を得ようとする先生はよく見かけます。幸い、そういうタイプの先生は合気道には少ないと思います。試合がないから、強弱勝敗をうるさく論じる習慣がないからだと思います。

## 武術における目に見える作品は、「どういう弟子を育てたか」

**光岡**　先にも触れた通り、私も以前、合気道と同じく競技の勝敗のない大東流合気柔術を稽古していました。組んだ相手によっては、技がかからないと「あなたは素直じゃない」「もう少し素直になりましょう」と気を悪くする人もいました。先日亡くなられた岡本正剛先生は、技がかからなかった場合でもわりと淡々とされていましたね。技がかからなくても「ハイ、次」といったように。たまに技がかからないと「あれ、気を悪くされたのかな」という顔もされましたが、でも、そこにはいろんな意味があったと思います。競技性のない大東流や合気道でも、技のかかる、かからないで勝敗を競うような「小さな競技性」はあります。人にもよりますがそこでの自我は見え隠れしますね。

状況を思い通りにしたい。これは武術に限らず教育でも同じでしょう。おもしろいことに、殺せんせーはクラスを完全に思い通りにしています。それが結果として生徒を育てることに必ず結びついています。一人ひとりの個性の伸長になっています。

思い通りにしながらもなぜそういうことが起きるのか。やはり「殺す・殺される」関係が重要なポイントかと思います。古の武術では師匠を超える際、下手すれば立ち合って殺める可能性が伴うこともままあったようです。その結果、自分が教えを乞うていた師匠が世の中から居なくなる可能性もあります。そういう厳しさが武術の世界ではあります。

実力者が二人、お互いに実力を発揮すると、鍔迫《つばぜ》り合いのギリギリのところに立つことになります。そこで師が身を引き、上がってきた人を立てる。そういう関係が自然とできあがりもします。まあ、これを教育全般に当てはめられるかどうかはわかりませんが。

**内田**　光岡先生の師である韓競辰[*1]先生との関係でも、そういう遠慮なしのところはありますか？

**光岡**　もちろんです。感謝と尊敬の念はありますが、これは遠慮といった感情ではありません。

が私達の絆」という非情な原点に帰ることを主張する

殺せんせーを助けることを提案する渚に対して中村莉桜は「暗殺者と標的
松井優征『暗殺教室』第16巻第142話「迷いの時間」より

たとえ師弟であろうと技や術の面において相手に気を遣ったらその武術の流儀自体がおかしくなります。どちらかというと職人の世界に近いかと思います。無論、その時は二者間だけでわかる無言のやりとりもあるので、端から見ると「なんて失礼な弟子なんだ」と見る人もいるかもしれません。

**内田**　学者の世界でもそこの関係は実は厳しいです。実際に命がかかっているわけではありませんけれど「学者生命を失う」というリスクはいつでもある。「学問的に殺す・殺される」に近いことは、たしかに日常茶飯事としてあります。「内田のこの論文はまったく無価値無内容である」と学術業績を全否定するようなことを言われたことも、僕は実際に何度もありました。そういうことを言われると、本当に命が削り取られるような思いをします。夜も眠れなくなるし、ご飯も喉を通らない。研究も手に付かない。僕は何とか立ち直りましたけれど、立ち直れなくて、学者として「死んだ」人は僕の周りにも何人もいます。

妙な話ですけれど、それよりは身体と身体で武術の「やりとり」をするほうがずっと人間味がある。生き物同士ですからね。学者の世界における論争はバーチャルですから容赦がない。賭け金が「名声」とか「評価」ですから、いきなり死ぬわけじゃない。だから、むしろはるかに論争は無慈悲なものになる。攻撃している本人は学術的良心に従って、「ダメなものはダメだ」と言っているだけで、学界全体の質の維持に貢献しているのであるから、感謝されこそすれ、恨まれる筋はないと思っている。そうやって若い研究者をこまめに潰している人はたくさんいます。ただし、長らくそういう世界にいてわかったのは、「眼高手低」という言葉があるように、人を傷つけるのがうまい人は自分の作品を創造することが苦手だということです。

**光岡**　なるほど。自分で観念的につくってしまったよくわからない理想像に自分自身も押し潰されてしまい、オリジナリティが生まれないのですね。

**内田**　他人の仕事を批判するのが上手な人というのは、たしかにその方面では素晴らしい技術を持っている。人の「そこだけは指摘しないでほしいなあ」という弱点をみごとに探り当てて、容赦なく斬り込んでいく。でも、そういう能力はなぜか自分自身の学術的創造につながらない。「眼高手低」型の研究者を何人か知っていますけれど、そういう人たちはけっこう早熟で、二〇代のうちにめざましい業績を上げる。学会で注目され、学術賞を受賞し、専任教員のポストを手に入れる。でも、そこで止まってしまうんです。それは自分に対する期待が高すぎるからなんです。若くして学会で注目された人は「デビューがこれだけすごいのだから、次回作はどれほどのものになるだろう」という期待をかけられる。

**光岡**　そうなると書けなくなるでしょう。

内田　ええ、そうなんです。若くして成果を上げた人というのは、その人の専門領域で先行研究を無慈悲にぶった斬るという形で出てくるケースが多い。すさまじい切れ味で、他人の仕事を批判したことで、注目された。でも、わずかな瑕疵《かし》も見落とさないという無慈悲さを武器にして出てきた人は同じ無慈悲さを自分自身の研究にも適用してしまうんです。自分で書いたものを読んで「こんなものが世間に通るか！」と引き裂いてしまう。自己評価の設定値が高すぎるので、自分の書いたものはどれもそこに達しない。でも、「中途半端なものを世に出さない自分の学術的厳密さ」こそが本人にとっては学問上の生命線なわけですから、そこは絶対に譲れない。でも、そんなことをしていると、あっという間に十年二十年経ってしまうんです。華々しいデビューを飾りながら、それ以降ぱたっと止まって、ときどき辛辣《しんらつ》な書評を書くくらいで、自分の作品はついに世に問うことなしに定年を迎えたという学者はいくらでもいます。

こういうタイプの学者は「白黒をつける」ことにこだわるのです。他人の業績を批判したり、論争して論破したりということが好きな人は「白黒がはっきりする」ことにこだわりがある。勝ちたいのです。自分のほうが優れているということを、衆人環視の中で確認してもらいたい。だから、出会い頭に相手を一刀両断にするような技術には長けている。でも、そういう人は長い時間をかけて煉瓦《れんが》を積み上げてゆくような仕事はできない。いまここでの優劣勝敗をきっぱりつけたいという人は「評価を後世に待つ」といった気長な仕事に向かない。

でも、最終的に歴史に残るような優れた仕事をする人はあまり論争なんかしないです。しないというか、できない。自分の仕事がなにを意味するものなのか、どういう価値があるのか、その時点ではよくわからないからです。いまはよくわからないけれど、自分としてはそれがやりたい。やらずにはいられない。「意味がない」と批判されても、下を向いて「意味あるような気がするんだけどな……」と唇を噛むだけで、すぐには反論できない。そういう鈍根型の学術的知性と切れ味抜群だけれど斬るだけでなにも創造しない知性と二種類あるような気がします。鈍根型の知性の人は他人の仕事についても軽々には判断を下さない。「そういうことがやりたいというのなら、やりたいだけの理由があるんでしょうね」と好きにさせておく。

**光岡**　たしかにクリエーションは地味に見える後者にありますね。

**内田**　自分の中に芽生えてきたアイディアに水や肥料を与えて、陽に当ててそっと育ててゆくようなプロセスです。それは実は学生に対して教師として向かう時の僕の姿勢と一緒なんです。僕自身の中に芽生えてきたアイディアや創造性は「外部から到来したもの」ですから、僕としてはそれを歓待する義務がある。できるだけ丁寧に扱って、開花するのを気長に待つ。開花しないかもしれないけれど、苛立《いらだ》たない。僕は学生相手にそういうことを三十年やってきて、合気道でもそういうことを三十年やってきて、自分自身の学術的な研究についても同じことをやってきた。そういうことだと思います。

**光岡**　武術の場合はどちらの要素も必要です。誰が来ても応じられる実力がなければいけない。けれども、かりにそれがあったとしても誰彼かまわず、それこそ習いにきている人をバサバサ斬ってはいけないわけです。武術家、武道家として実力を発揮するということは、そういったことだけじゃない。指導にせよ、立ち合いにせよ、必要に応じて「やってみせる」だけの素養を指導者が具《そな》えているかが問われますが、その素養を深めていくには、そこはやはり詰めたところでのクリエイティビティがないと終わってしまいますよ。

**内田**　そうですよね。武術における目に見える作品は、「どういう弟子を育てたか」なんだと思います。僕はそれが武術的な創造性のことじゃないかと思います。

**光岡**　沖縄古伝空手の心道流の座波仁吉先生は心道流を指導されている岸田純師範にこう話されていたそうです。「武術家は自分で有名になるのではなく、弟子が自分を有名にするんだ」と。自分で自分を有名にすることは絶対にないのだと。

**内田**　その通りだと思います。松下村塾の吉田松陰[*2]が優れた教育者であることはいまでは歴史的に認められています。でも、その一間の塾で松陰が行った教育がどれほど優れたものであったのかを僕たちは直接は知ることができない。カリキュラムとかシラバスとかを松陰が作成したはずはないし、かりにそんなものがあってもそこで行われていた教育の本質はそんなものからはわからない。でも、僕たちは松陰の教育の卓越性を具体的に知ることができる。そこで育った人たちがいるからです。高杉晋作[*3]、久坂玄瑞《げんずい》[*4]、伊藤博文[*5]など錚々《そうそう》たる人士を輩出した。それだけ多くの俊才が集まったということから事後的に推理して、松下村塾はよほど優れた教育をしていたのであろうと言える。教育の質というのは、その年に志願者が何人来たかとか、合格者の偏差値がいくつであるかとか、卒業生の就職率は何パーセントかといった当期の成績によってではなく、そこで育った人たちがその何年、何十年かのちに「なにを成し遂げたのか」によって事後的に査定するしかない。僕はそう思います。武道家としての僕の創造性を評価する時はどんな弟子を育てたのか、それを見てほしいです。

**光岡**　なるほど。そこはちょっと私が考える武術、武道の世界と違いますね。武術では、師匠が世界で一番強いとしたら、その人を超えないと教えを全うしたことにはならないからです。師匠が技なり術なりすべてを弟子に教えるのは、「師を超える」ためにです。殺せんせーと生徒との関係には同じものを感じます。

## 教育がもっとも効率的に機能するのは不条理な状況の中に身をおく時

内田　『暗殺教室』の場合、この対談時にはまだ連載中のため、結末が「師を超える」かどうかわかりません。一つ言えるのは、生徒たちが成長過程の果てに「どうしてこの人がここにいるのか?」という問いにまっすぐ立ち向かうだろうということです。

光岡　そう、そこですよね。それ最後のほうに出てきそうですね。

内田　学習が進むに従って、この人は「私にとってなんなのか?」がだんだんわかってくる。この不条理な状況に自分たちが投じられたことの意味が「なるほど、わかった!」という時が来る。自分が教育されてきたことがなんのためのものだったのか、それがわかった時点で、教育目的は一応完遂したということでいいんじゃないでしょうか。

光岡　だからストーリー設定の中で師である先生を暗殺するという表現はメタファーとしても用いているわけでしょう。

内田　「殺せんせーを殺す」という時の「殺す」という言葉をどう理解すべきか。「殺す」という動詞は実は一意的なものではなく、生徒一人ひとりにとって全部違う意味を持つんだと思います。一人ひとりがそれぞれ固有の仕方で、余人を以《もっ》ては代え難い仕方で殺せんせーを「殺した」時に教育的な意味での暗殺が完了したことになる。

**光岡**　その通りだと思います。武術においても相手より自分が強かった時こそが「武の本義」が問われるところであり、相手を殺めてしまえるところで、師は殺められる覚悟をもちながらも弟子がどういった判断をするかを最後まで見守り、弟子にとって「武の本義」に得心がいった時に、師は超えられ、なき者となります。そこには新たな幕開けがあります。

**内田**　教育とはそういうものだと思います。なにを教わったかは、リアルタイムではわからない。長い年月が経ってから「こういうことを教わったのか」が回顧される。そして、その「わかった」ことも時間が経つごとにどんどん上書きされてゆく。過去の経験の意味は未来に一歩踏み込むごとに同じ意味の新しい相を明らかにしてゆく。そういうダイナミックなプロセスだと思います。教育のアウトカムは一瞬一瞬変容しながら累積されてゆく。子どもが大人になれば、「自分が受けた教育についての、大人にしかわからない意味」がわかる。老人になれば、「老人にしかわからない意味」がわかる。そういうものです。だから教育についての議論で僕が常に言い続けているのは、卒業時点でなんの資格を取ったとか、ＴＯＥＩＣのスコアが何点になったとか、そういう「当期の売り上げ」みたいなものを教育の達成として掲げることはで

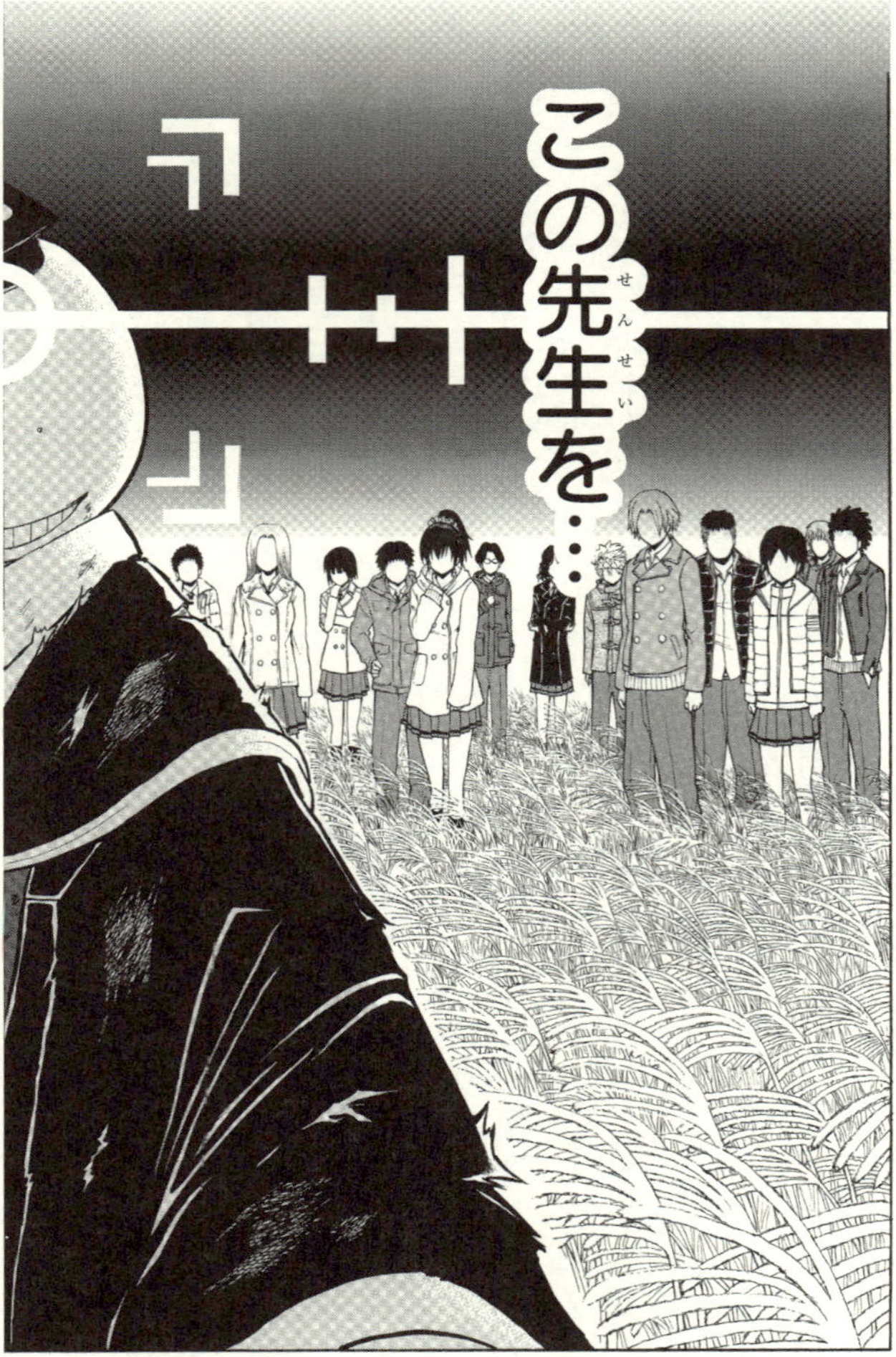


松井優征『暗殺教室』第16巻第141話「終業の時間・2学期」より

「暗殺者と標的という絆」を説いた殺せんせーを前に生徒たちは……

きないということです。

**光岡**　それは、いまだったら英語を使ってグローバルな人材になるといったところですか。

**内田**　そうです。グローバル人材育成教育なら、「高い収入を得るため」とか「高い社会的地位を得るため」といったわかりやすい目的が提示されます。ところが、「暗殺能力を高める」という目的はそれがどう自己利益と結びつくのか全然わからない。

**光岡**　一応、マンガの設定には「人類を破滅から救う」とか「成功報酬百億円」というゴールはあります。

**内田**　どちらも子どもにとってはスケールが大きすぎてほとんど無意味な目標でしょう。だから、やはり現にいま受けている教育の目的はわからない。『暗殺教室』の設定のおもしろさは自分の受けている教育の意味が教育を受けている時点では開示されていないということだと思います。これはグローバル人材育成教育と正反対のものですからね。

**光岡**　たしかにキャラクター設定や各々の役割りはしっかりと持っていますが、ストーリー全体は今の時点ではさまざまな伏線を残し多様性をもっているので、閉じた形での意味づけがされていません。

**内田**　教育がもっとも効率的に作動するのは「なんでこんなことを習っているのかまったく意

味がわからない」という不条理な状況の中に生徒たちがおかれた時です。じっとしていてもわからない。とにかくなにかしないと始まらない。そして、なにかする。なにかすると、それがもたらす結果によって、自分がおかれている状況の構造や機能が少しずつわかってくる。それの繰り返しですね。なにかをするにつけて、少しずつわかってくる。それまではほとんど真っ暗で、まったく不条理だった世界に、明かりが差してきて、局所的には条理が通ってくる。まだ自分がおかれている状況の全貌はわからないけれど、いまやっていることを続ければいいということはわかってくる。

## 『暗殺教室』的歴史教育

光岡　歴史も『暗殺教室』みたいな学び方をしたらいいと思うんですよ。

内田　どういうふうにですか?

光岡　争いの意味に焦点を定めるのです。人類が争った根本的な理由から歴史に入れば、歴史がすごくわかりやすくなると思います。勝者であり淘汰した側のいう「こういう国家をつくりました」といった羅列された事実を暗記するのではなく、「どういう争いがあったのか」「なぜ争ったのか」などにフォーカスすると、よりノンバイアスで歴史が見られるようになるかと思います。

**内田**　敗者側から歴史を見るのもおもしろいです。二〇一五年で日本は戦後七十年を迎えました。でも、日本は戦後七十年経ってもまだ戦争の総括ができていない。いまだに沖縄に基地があり、尖閣《せんかく》諸島や竹島問題などの領土問題があって、韓国との慰安婦問題も解決していない。戦後問題が膿《う》みただれてゆくばかりで、少しも解決しない。日本が敗戦の総括に失敗しているという事実はその通りなのです。でも、だからといって「だから日本はダメなんだ。それに比べてドイツは戦争体験を総括して立派だ」と言う人がたくさんいますけれど、僕はそれには同意できないんです。

**光岡**　そんなことを言うんですか？

**内田**　ヴァイツゼッカー[*6]は繰り返し反省の言葉を述べていますけれど、ドイツは降伏した五月八日を「解放の日」と呼んでいます。つまり、ナチスドイツの圧政からドイツ国民が解放された喜びの日だという総括をしています。戦後ドイツ人が反省したのは「ナチスのような非道な勢力に全権を委ねてしまった失敗」についての反省であって、強制収容所や粛清については、ドイツ国民自身もまた被害者であるという立場を維持しているのです。すべての「穢《けが》れ」をナチスに押しつけることで、国民を部分的には免罪した。それに、東西冷戦が終わるまでドイツは東西に分かれていましたけれど、東ドイツはそもそもナチスと戦って勝利した戦勝国という立場ですから、ドイツの戦争犯罪に関しては、ひと言も謝っていません。そもそも謝る立場にないんですから。

**光岡**　そうですか、それは知りませんでした。

**内田**　東ドイツはナチスの戦争犯罪については被害者であり、かつそれと戦って倒した勝利者であるという立場ですから、それについて謝罪する筋がない。一九九〇年に東西ドイツが統合された後に、「東ドイツも含めて、ドイツの戦争犯罪について反省することにしました」というふうに国民的合意を取ったという話は聞いたことがない。それまで「被害者・勝利者」として国民的アイデンティティを確立していた一六〇〇万人の東ドイツ国民に、ある日を境にして今日から「加害者・敗北者」としてのアイデンティティに切り替えて下さいと言っても、無理でしょう。

総括の失敗について言えば、フランスも同様です。フランスは枢軸国にはカウントされていませんけれど、ヴィシー政府[*7]は連合国に宣戦布告していないだけで、全面的に対独協力をしていました。労働者をドイツに送り、国内ではユダヤ人狩りをしてアウシュヴィッツやダッハウに送り、対独レジスタンスを銃殺していた。でも、ロンドンに亡命していたシャルル・ド・ゴール[*8]の率いる自由フランスが、ノルマンディー上陸作戦以後の混乱の中パリを解放したので、なんとなく「フランスはドイツに勝った」という話になってしまった。どう見ても敗戦国だったはずのフランスが、国連の常任理事国に入りこみ、核兵器を持つ世界の五大国になってしまった。これはほとんどド・ゴールの「個人技」の成果と言ってよいと思います。

それは戦勝国であってよかったはずのイタリアと比べるとわかります。イタリアはムッソリーニを罷免して逮捕した後に、水面下で連合軍と休戦調停を結び、その後は連合軍と共闘して、ドイツ軍と戦っている。正規軍であるイタリア王国軍がちゃんと宣戦布告して、国内のファシズム傀儡《かいらい》政権やドイツ軍と戦って、追い出したのです。ド・ゴールの率いた自由フランスは一介の交戦団体に過ぎません。イタリア王国軍は正規軍です。それが最終的にはドイツを追い払ったのに、イタリアを国際社会は「敗戦国」とみなした。イタリアは一九四五年の七月には対日宣戦布告さえしているんです。ドイツ、イタリア、日本を一律に「敗戦国」として括《くく》るのはちょっと無理があると思います。それぞれの「負け方」があまりに違うから。

**光岡**　そこは懸命にごまかしていたりするのですね。そして、たしかにいろいろな意味で敗者から歴史を見たほうが見えてくるものがありますね。

**内田**　どこの国も負けるに至ったプロセスを中立的な眼差《まなざ》しで分析して、それについて誠実な反省をしているとは言いがたいですね。少なくともフランスは「敗戦国としての総括」はしていません。ドイツは「ナチスと戦ったドイツ人が本当のドイツ人である」というかなり苦しい「物語」に戦後の国民的アイデンティティを求めている。

イタリアはその点ずいぶん「大人」だと思います。戦勝国を名乗ってもよかったはずなのに、「まあ世間の人が〝敗戦国〟と言うなら、言わせておこう」という感じでしたから。実際に国内は統治機構も経済も壊滅的だったわけですから、「戦争に勝った」というような気分ではなかった。戦争を総括するにしても「どうして、こんなにひどい勝ち方しかできなかったのか？」というもので、あまり気勢が上がらない主題だった。でも、イタリアが先の大戦でひどい目に遭った国の中でもっともトラウマが少ないような気がします。「勝ったんだけど、ほとんど負けたのと同じようなみっともない勝ち方しかできなかった」という事実からイタリア人たちはたぶん目を背けていないからです。まっすぐに「イタリアって、ダメな国だ……」という事実を受け入れている。先の戦争の総括がうまくできずにいて、ある意味一番トラウマが深いのは日本よりもフランスでしょう。敗戦国なのに、戦勝国だと言い張っているわけですから。そうやって見ると、歴史は常に「勝者の書いた歴史」だということです。

光岡　勝者の歴史というか、争いそのものの歴史ですね。
内田　勝者の歴史はシンプルだけど、敗者は話が込み入ってしまう。
光岡　でも、結局のところはお互いに本当の勝者はいないわけじゃないですか。
内田　そうですね。戦争に本当の意味での勝者はいませんね。

## 地域、国柄で変わるケンカの仕方

光岡　武術においてはそこを問われるわけです。なにをもって勝ちとするか。だから負けないことはあっても勝つことは難しい。個人レベルのケンカもそうですよね。
　ケンカを見ると、一口に争いといってもなにをもって勝ちとするかについては文化がけっこう関係しています。世界のケンカの仕方が動画サイトにあがっていますが、たとえば、ロシア人だと「なんだ?」となったら、とりあえず互いにボンと殴ってから話し始める（笑）。これはハワイのケンカではあり得ません。
内田　そうなのですか?
光岡　ハワイアンやサモアンのケンカだと、いったん目が合って始まったら、互いに疲れ果てるまでやります。韓国人だと、日本人に似ていてビルドアップしていき、「なんだお前は」と言い合って煮詰まってきたら殴り合いになったりと。日本人はおもしろくて、韓国人と同じくビルドアップしていくのですが、けっこう相手を摑むんですよね。胸倉とかを。あれは世界的に見たら珍しいかと思います。着物を着ていたことも関係しているのかもしれません。

争いに文化が関係しているから、ロシア人とハワイアンがケンカしたらたいへんです。ロシア人は殴ってから話そうとしたら、「なんだこの野郎」とハワイアンは止まらず徹底的に続けようとする。ロシア人はコンタクトしてから話す、という文化はやはり特徴としてあるのではないでしょうか。

**内田** そうやってパーソナル・スペースに近づけていくのですね。

**光岡** 橋本龍太郎[*9]さんが総理大臣だった時、ロシアでエリツィン[*10]大統領と会談することになりました。その時在露外交官の方にこうレクチャーされたそうです。「エリツィン大統領は公の場で話した後の私的な席で必ず股間をグッと握ってきます。その時は総理、グッと握り返してください」。

**内田** 本当ですか?

**光岡** 本当らしいです。実際、エリツィン大統領が「よし、サウナ入ろうか」となっていろいろ話してたら、急にバッと握ってきた。そしたら、橋本さんも言われたことを思い出して握り返した。そしたら「おおおお！」と上機嫌になって（笑）。「うん、よくわかる奴《やつ》だ、話をするか」となったそうです。

**内田**　なるほどね。先日、一九七〇年代を舞台にした「マルチュク青春通り」[*11]（二〇〇四年）という韓国映画を見たのです。韓国のツッパリ高校生の話なんですけど、これがまったく日本と同じ。韓国の高校生って、この時代はみんな学ラン着てるんですよ。それがガラガラと扉を開けて、教室に入ってきて、「オラーッ、このクラスで一番強いやつは誰じゃい！」みたいなノリでケンカが始まる。お互いにガンを飛ばしながら、だんだん間合いが近づいてきて、「やるのか、こら」と顔と顔がくっつくくらいまでになるんだけれど、「始まるのかな」と思ったらこれが始まらない。「ふん、今日はこのへんにしといてやるわ」みたいに帰っていく。どのタイミングで手が出るのか、これは本当に相撲の「見合って見合って」みたいにぎりぎりまでわからない。でも、こういう呼吸は日本の学ラン着た不良高校生が殴り合うマンガや映画とまったく同じなんですよ。

ところが、驚くべきことは、一九七〇年代の韓国には、日本のマンガもテレビも映画もまったく入っていないということなんです。政策的に日本の文化輸入が禁止されていた。それなのにケンカにいたる間合いの詰め方、どこで手が出るのか、その呼吸は日韓そっくりなんですよ。これは学習したとか模倣したとかいうことではない。両国に共通する文化なんですよね。中国映画を見ても、そういうだんだん間合いが詰まってゆくというサスペンスはないんです。「ビルドアップ」というのは北東アジアの文化なんでしょうね。

## 負けた体験を活かすことができるか

**内田**　日常の人間関係がどういうふうに崩れてゆくのか。あるいはどうやって殴り合いが始まるのか、その距離感とかテンションの上げ方のようなものって、それぞれの地域の文化と深く関係していると思うんです。こうした緊張感の操作は政治の局面にも影響していると思いますか？

**光岡**　文化的な影響はあるでしょう。そのことと負けた後の処理が下手というのも関係しています。個人レベルのケンカで見ていても人間はやっぱり総括が下手です。それに武術家もけっこう自分が負けたことを率直に言わないので、なかなか失敗例を見せてもらえなかったりする。そして第二次世界大戦後のフランスやドイツみたいな感じにしてしまう。

内田　都合の悪いことは忘れちゃうんだ。

光岡　でも、言われたら絶対思い出しますよね。それが「そんなことありました?」みたいな感じでとぼけられると、こちらは、あれ? と思うわけです。

内田　その話で思い出しました。僕は大学の仲間と毎年スキーに行っています。いまから二十年くらい前のことですが、野沢温泉の牛首というコースに行ったことがあるんです。非常に難しいコースで、そこにうっかり入ってしまった。「これはえらいことだ。中級程度の腕ではとても滑れないな」と思ったのですけれど、急斜面をリフトまでスキー板担いで戻るのもたいへんだからしょうがない、滑って降りようと決心しました。そしたら、中の一人が「ちょっとここは無理だわ」と言って、スキー板を外して登って帰った。僕はその判断は賢明だと思いました。でも僕はもうだいぶ下まで降りてきていたので、面倒になって転がりながら下まで滑った。

それから十年くらいして、その時の話になった時、そのスキー板を担いで戻った人が「そういえば前に牛首に行った時さ、僕は滑ったけど、ウチダ君は無理だって言って、スキーを担いで帰ったよね。でも、あれは正しい判断だったよ」と話し始めたのでびっくりしました。

光岡　記憶が入れ替わっているんですね。当人の経験と、ご自身が見ていたことが。

内田　たぶんその「牛首に負けた」という敗北の経験が彼にとってはけっこう屈辱的だったの

で、記憶を塗り替えることでストレスを緩和したんでしょうね。

**光岡**　そう、だから本能的にしてしまう。フランスがかつてのことをなかったことにしているのも同じでしょう。

**内田**　そういう自己防御は本能的に働くんですね。

**光岡**　そうです。でも、負けたことを覚えておくのはすごく大切なことです。私も若気のいたりで、ブラジリアン柔術の最高峰が出場するムンジアル大会の世界チャンピオンと、ひょんなことから柔術ルールで手を合わせたことがあるんですが、こちらは寝技については柔道を中学時代にちょっとやっただけのど素人でした。でも、本当に若気のいたり。単に無知だったせいもあり、なんとかなると勘違いしていました。球技の選手が「丸い球を使うから大体同じだろう」と他の球技に挑むようなもので、なんとかなるだろうと思った(笑)。結果を言えば、まったくなにもできず押さえ込まれまくりました。結局のところバスケができるから水球に挑戦するようなもので、「これはどうにもならないな」と、それからは寝技を徹底して研究しました。「ああ、そうか。なるほど、よくできている」と体系についてもわかってきました。負けても死んでいない場合だと、自分のどこがブラインド・スポットだったか再検証できるわけですから、負けることは失敗するところを克服するための最高のチャンスですよね。『荒天の武学』でも話題にした、カリのアントニオ・イラストリシモ[12]を覚えていますか。あの、ある敵とめぐりあって、出会い頭でその首を刀で刎ねた。

**内田**　はい、写真見せていただきましたけれど、怖い雰囲気の人ですよね。

**光岡**　あの人のエピソードがほかにもあります。一九六〇年代のことですが、アンダーグラウンドの試合がシンガポールで行われました。この話、イラストリシモ門下はみんな知っていることです。そこでインドネシアのシラットの達人と本物の刀で闘いました。

**内田**　ええ？　デスマッチですか。

**光岡**　はい。互いに腕に自信があり、お互いそれまで負けたことがなかった。当時、一番使えると言われていた二人がやったわけです。そうなると、もちろん防具を着けて競う剣道みたいにはいかないわけですよ。斬られたら一瞬で終わりますから。

結果はどうなったかというと、イラストリシモがシラットの遣い手の技を除《よ》けたと同時に斬り込んだ。相手の首を斬るつもりだったところが、腕を斬った。斬り落としたわけではないけれど、やっぱりバサッと斬って相手は武器を落としてしまいました。誰もが「ああ、殺されるな」と思った瞬間、シラットの遣い手は「負けた」と言い、さすがにイラストリシモも負けを認めた相手を殺すことまではしない。わかったというわけです。

アントニオ・イラストリシモ（左）

でも、そのシラットの達人がすかさず「いや、ちょっと待ってくれ」と言うんですよ。「オレはいままで誰にもやられたことがない。だが、あんたにはやられた。殺されないのはありがたいが、それだけじゃダメだ」と。

**内田**　どういうことです？

**光岡**　「インドネシアの私の家に来て、その技を教えてくれ」とその場で言うんですよ。好きなものはなんでもやる。その方が住んでいる地域だと一夫多妻制だから「おまえが気に入ったなら妻も一人譲るから」という。まあ、一夫一妻の近代的な西洋文明からくる価値観の方やフェミニズムを肯定されている人には反感を買う申し出だとは思いますけど。

**内田**　ふふふ。

**光岡**　イラストリシモはその後、実際にインドネシアへ行って、彼のところに居候しながらその人に技を教えたそうです。このやりとりは、負けたとしても負けたほうが生きていたからこそだと思うんですよ。いい話ですよね。

**内田**　いい話ですかね（笑）。

**光岡**　いや、いい話ですよ。やっぱりね、それぐらいの実力者と出会ったなら私だったら教わりたいですよ。互いに殺すつもりでいて実力が拮抗していて、負けた側が辛うじて一命をとりとめた時に、最初に思いつくのが「ああ、助かってよかった」ではなくて「その技法を教えろ」というのですから。完全に命をかけた職人の世界のような領域です。

## 先生や先輩が受けを取る、古流武術の指導方法

**内田**　合気道は試合がないので、いまの話のようなことはありません。ただ、試合はなくても組んだ瞬間、「ああ、まったく歯が立たない」というのはわかりますね。まったく歯が立たないということは何百回も経験しました。それでもすごい人と手合わせをさせていただいたという体験は残っています。ただ、型稽古にもかかわらず、相手がまったく技をかけさせてもくれなかった場合にはあまりいい感覚が残らないですね。うまく技が効かない場合でも、ふつうは上級者が正しい動きに導いてくれるんですけれど、ときどきまったく身動きもしてくれない人がいる。これは厳しいですね。なにもアドバイスしてくれなくて、ただ「効かない」というだけでじっとしている。それが五分十分と続くと、とことん屈辱感を感じます。ああいうのは、稽古上あまりよくないと思うんですよ。

**光岡**　そうですね。上の人間が目下の相手の技をかからないようにしておきながら、技をかけ

させ続けて失敗を擦り込ませる。これはあまりいい稽古とは言い難いですね。

**内田**　「君の技がかからないのは、ここがまちがっているから。こうやればいいんだよ」と教えてくれたらよかったんですけどね。

**光岡**　それは単に意地悪をしているだけだと思いますよ。経験ある側の人間が安っぽい虚栄心で下の人にそれをしてしまうと、技術論からは遠のいていく一方となります。

**内田**　それまで楽しく稽古していたのに、その時に合気道が一時的にちょっとつまらなくなりました。ずいぶん自信をなくしてしまいましたね。

**光岡**　日本の古流武術の稽古の進め方や指導方法は、そこがうまくできています。先生や先輩などできる人が必ず打太刀《うちだち》などの受けを取り、やられ役に徹します。そして、必ず下の人間が仕太刀《しだち》の技を稽古することになっています。どうしてかというと、やられ役のほうが難しいかということもあります。

古流の多くにおいて、そこは徹底しています。上の人が下の人の受けを取る。技を受けやられる側に徹する。その関係を崩しません。いまの時代ではあまりない発想です。どちらかといえば、実力ある人が技をかけて、下の人が受けを取り、やられ役になるといったトップダウンのほうが普通とされているでしょう。

内田　そうです。

光岡　そのような武術、武道の指導方法があるにもかかわらず。日本の伝統文化の継承方法からしたら、いま主流のおそらく明治より後にできた、上意下達式の教育なり指導の仕方は、日本人の潜在力を活かせていないのでもったいないないなと思います。

内田　そうですね。できないことなど無数にあるわけですよ。それを一個ずつあげつらってゆけば、自分の欠点リストが増えていくばかりです。そうではなくて、「このへんがいいね」と言ったほうが、ひと言で動きが一変することもある。

ふだんの稽古でも、ずいぶん動きがよくなったなと思う門人がいると、稽古の終わった後にみんなで掃除している時に、そばに行って、肩をぽんと叩いて、「動き、よくなったね」と言ったりすると、もう顔がパッと紅潮しますよね。そんなにうれしいものかな？　とかえって驚くくらいです。その次の稽古から動きにどことなく自信が出てくる。

もし、その時、「君、さっきのあの技ダメだよ」と言えば、言われたほうは落ち込むことはあっても、それをきっかけに一気に上達するということは期しがたいです。それなら、なんとかいいところを探して、「目付けがいいね」とか「体軸が安定してきたね」とか、少しでもよくなったところを言ってあげるほうが指導上は効率的だと思います。

**光岡**　問題を指摘するのはいいと思います。ただし、そこは感情を絡ませず、問題提起以上に「どうすればよいのか」を下に提案、指摘できるように上の人間が常に技術論に徹しておかないといけません。そうでないとおかしなことになります。技術論だからこそ「どこがおかしいのですか?」と後輩が先輩に、生徒が先生に尋ねられます。そういう環境はすごく大切です。だけど道場によってはその雰囲気によって訊けなかったりするので面倒なところもあります。そこは先生方に道場の雰囲気を整えておいてほしいですね。

**内田**　そうですね。合気道だからといって、必ずしも和気あいあいという道場ばかりではありませんから。教える人間のキャラクターによって左右される面がすごく大きい。

**光岡**　ええ、そういう意味では殺せんせーはいい教育者です。

＊1　**韓競辰**　一九五六年生。韓星橋先師の四男で、現在韓家に伝わる意拳の指導に力を注いでいる。
＊2　**吉田松陰**　一八三〇年生—一八五九年没。長州藩士。思想家、教育者。山鹿流兵学師範。明治維新の精神的指導者として一般に知られる。
＊3　**高杉晋作**　一八三九年生—一八六七年没。長州藩士。奇兵隊ほか諸隊を設立し、尊王攘夷の志

士として活躍。
＊4　**久坂玄瑞**　一八四〇年生―一八六四年没。長州藩士。イギリス公館焼き討ち、下関外国船砲撃事件に参加。禁門の変を指導し負傷。自ら命を絶つ。
＊5　**伊藤博文**　一八四一年生―一九〇九年没。長州藩士。維新後は政治家。初代内閣総理大臣。大日本帝国憲法起草の中心人物。一九〇九年にハルビンで朝鮮民族主義活動家の安重根に暗殺される。
＊6　**ヴァイツゼッカー**　一九二〇年生―二〇一五年没。政治家。ドイツ第六代連邦大統領。キリスト教民主同盟（ＣＤＵ）所属。「過去に目を閉ざす者は、現在に対しても盲目となる」という言葉でも知られる。
＊7　**ヴィシー政府**　一九四〇年―一九四四年。第二次世界大戦期のフランスの政権。中部のヴィシーを首都としたことからそう呼ばれた。「ヴィシー政権」「ヴィシー・フランス」とも。また、この政権を「ヴィシー体制」と言いナチスドイツの政策に協力した。
＊8　**シャルル・ド・ゴール**　一八九〇年生―一九七〇年没。フランスの陸軍軍人。政治家。第一八代大統領。第二次世界大戦では本国陥落後ロンドンに亡命政府・自由フランスを立てて、レジスタンスらと大戦を共闘した。
＊9　**橋本龍太郎**　一九三七年生―二〇〇六年没。政治家。自民党に所属。第八二、八三代内閣総理大臣。
＊10　**エリツィン**　一九三一年生―二〇〇七年没。ロシア連邦の初代大統領。ソビエト連邦崩壊後民主化を主導したが、資本主義経済への移行に際して国内経済は逼塞し、国際的な地位の低下などに

よる批判もある。

＊11　**「マルチュク青春通り」**　二〇〇五年日本公開。韓国映画。監督ユ・ハ。クォン・サンウ主演。一九七〇年代、軍事政権下の韓国を舞台にした学園ラブ・ストーリー。

＊12　**アントニオ・イラストリシモ**　一九〇六年生―一九九七年没。フィリピン武術カリの高手。数多くのデスマッチを勝ち抜いてきたその伝説的な武勇から〝タタング〟の尊称で呼ばれている。その流儀はカリス・イラストリシモとしていまも伝わり、アメリカのジークンドー・アンリミテッドのバートン・リチャードソンなどもイラストリシモの晩年に師事。

# 第四章　古の身体に帰って見える未来

道具を通して古の身体を考える

## 型――終わりが決まっているということ

**光岡**　最近のマンガの速度感は昭和の作品とまったく違いますよね。『暗殺教室』は最初から終わりが決まっています。比べて、たとえば『男一匹ガキ大将』[*1]や『硬派銀次郎』[*2]など、ある意味で昭和の高度成長時代を象徴する熱い生き様を描いた本宮ひろ志さんの作品だと、ケンカに強い主人公が学校で一番になり、県で一番になり、富士山の麓《ふもと》で全国の番長が集まって決着をつけて、最後はなぜか石油危機に際してアラブの石油王のところに買いつけにいったり、どんどんスケールが大きくなっていくし、拡張していくのだけれど、結局は資本経済の枠組みの話に収まるという「え?」というオチに行き着いてしまいます。

**内田**　最後はなぜか株に手を出したりして、けっこうめちゃめちゃですよね。

**光岡**　マンガづくりに関しては私は門外漢ですが、人気があったため、連載の延長が重ね続けられた結果そうなった。そういう背景もあったかもしれません。実際、本宮ひろ志さんも途中でどうしていいかわからなくて、「収拾がつかなくなりました」みたいなことを書いていますから。

昭和の少年マンガの中にはストーリーが散漫になりがちな作品が少なくない印象があるのも確かです。その理由の一つは、単純な対立構造で話を広げていく構成しか示せなかったからでしょう。たとえば『ドラゴンボール』[*3]もその典型ですが、ある強敵を倒すと、もっと強い奴を登場させて戦わせる。そのパターンで話を拡張していきます。

そういった成長と拡張の物語が執拗《しつよう》に繰り返されたのは、社会がそのパターンで成り立っていたからです。当然、そのような社会で成り立っていく武術、武道はその社会の影響を受けているので、明治から昭和にかけて誕生した近代のものは、とにかく拡張していこうという傾向が強いです。目的は広げることだけで、落としどころがない。それだけに初速の勢いはありますす。スタートを切るにはいいのですよ。最初からごちゃごちゃ考えていたら始まりもしませんから。

昭和の時代は「なにかわからんけれどやってみよう」という勢い任せでよかった。だからマンガも落としどころがないまま終わりを迎えるような設定が多かったのかもしれません。ところが最近は違って、マンガによっては修正を計画的に考えているものも出てきています。たとえば『暗殺教室』だと作者がいくつもの伏線を敷いており、いつでも終わらせられるように設定をこまめに描いているようにうかがえます。どこで終わりにしてもいいのは、最終的な落着の仕方を持っているから。つまり武術的型のようなものがそこにはあるのだと思います。

内田　終わり方はもう決まっていそうですね。

光岡　始まりとそこからもたらされた流れがあって終わりにいたる。平成になって、ようやく勢いだけで物事を行わず、経過とそこからの終わらせ方を見ていけるようになった。こういうことがマンガはできるようになったけれど、武術の世界はできていないところがいまなお多い。まだ『男一匹ガキ大将』『ドラゴンボール』みたいな拡大していくファンタジーに親しみをもっている人がそれなりにいるということです。

夢を持つことは悪いこととは言いませんが、武術、武道はファンタジーからもっともかけ離れているところにあります。そして稽古においては各流派や各々の着地点をもうける必要があります。

## 異物を飲み込んで共生する力

光岡　型があるから落ち着きどころがわかります。マンガという読み物の世界では、ストーリーが散漫にならないように取りまとめてくれる型が生じているとしても、私たちの暮らしはどうでしょう。自身のあり方を見定められる型があるかというと疑問です。経済的な成長や拡張路線ではもう無理だと感じながら、同時にいままでの惰性で「まだいけるんじゃないか」とどこかで期待しています。

**内田**　型が成立する前提には生活習慣が必要というのであれば、改めて思うのは、明治維新のやってしまったことです。いろんなものが一変しましたけれど、日本人の意識に人知れず強い影響を与えたのは、神仏分離＊4ではないかと僕は思っています。

千三百年間、日本人はずっと神仏習合でやってきたわけです。八百万《やおよろず》の神々という土着の信仰があり、そこに外から仏教という非常に体系的で儀礼も整った深い思想を持つ宗教がやってきた。それで土俗の信仰が駆逐されるかと思ったら……。

**光岡**　受け入れて共存させました。

**内田**　本地垂迹《ほんじすいじゃく》説＊5というのがありますね。ご本尊は仏様だけれども、それが顕現したものが神である。同一の神が二つの形をとる。それを神仏習合というわけですけれど、この発想が欧米の人にはよくわからないらしい。

先日、スイスのラジオ番組の方が日本の宗教について聞きたいというのでインタビューされました。僕一人じゃ心許《こころもと》ないので、宗教学者の釈徹宗《しゃくてっしゅう》＊6先生にも来ていただいて、二人でインタビューに答えたのです。でも、こちらが説明しても、なかなか理解してくれなかったのが神仏習合というアイディアでした。

**光岡**　まあ難しいでしょうね。

**内田**　ヨーロッパでも、地下にはミトラ教[*7]の神殿があって、その土台の上にキリスト教の教会が建っているというようなところはいくつもあります。霊気の宿った土着の宗教の聖地にキリスト教が上書きされたのです。でも、それはミトラ教とキリスト教が「習合」したということとは違います。上に乗ってしまった。

修験道[*8]のことも説明しにくかったですね。修験道はまさに神仏習合で、祝詞《のりと》を唱えて、般若心経を唱えます。僕が毎年泊めていただく羽黒山伏の星野文紘[*9]さんのお堂だと、手前に鏡があって、これが御神体。鏡をどけるとその後ろに不動明王像があって、これがご本尊です。地場の神と外来の仏を融合して、両方それぞれに祝詞とお経を上げて、まとめて拝むというような宗教儀礼は他国には例を見ないのではないかと思います。

**光岡**　共存しながら混ざってはいても、あんがい昔のものが残っていますし、適度なすみ分けもできていますので、そのあたりが違ってきた理由かもしれません。

**内田**　禅もそうですよね。中国、韓国ではもうほとんど禅宗は形をとどめていませんけれど、宗教的な辺境である日本には原形に近いものがそのまま残っています。

外来のものを受け止め、混ぜ合わせて、適当にすみ分けるというのは、アマルガムにして不純物をつくるというのではなく、実際には純度の高いオリジナルをそのまま保存している。これは素晴らしい文化的なアーカイブ装置だなと思います。

**光岡**　それは型と式が違っていてその型や式にまつわる身体観を伝える術や教えが共に違っていたからかもしれません。

**内田**　でも、神仏分離によって、習合という日本独特の文化装置が破壊されてしまった。廃仏毀釈ですから、仏教を排除して神道を純化するという形での分離が行われた。その意図はきわめて政治的なもので、欧米列強の国力はキリスト教という一神教が土台になっているという理解に基づいて、それなら、キリスト教に対抗できるような一神教的宗教体系がなければならないと思って、国家神道という新しい一神教的体系をつくり出した。

日本的ソリューションである生活の「型」が、明治維新によって失われた。土着外来、中央周縁さまざまな出自を持つ文化現象を習合して、取り込み、それぞれの特質を生かしておくというのは、日本人にとって久しくもっとも使い勝手のいい生存戦略だったと思うのですが。

**光岡**　第一章でも触れましたが、そういった日常生活の中にある型の働きは数値化や計量化して測れません。また身体観は生活様式の中で「自然と」変わっていきます。だからなにが失われたのか本人もよくわからない。

**内田**　人物を評する時に、伝統的には、「懐が深い」とか「器が大きい」とか「清濁併《あわ》せ呑《の》む」という言い方をしてきたわけです。異物を飲み込んで共生する力を、人間的度量として、見識の高さとして評価する文脈がかつては存在した。でも、少なくとも「習合」的な度量を評価する文化は明治維新の時に断絶させられた。僕はそう思います。古伝武術の多くもたぶん宗教的には濃密に神仏習合的だったはずですから、神仏分離と武道の衰退は、歴史的には同一の出来事の現れ方の違いではないかという気がします。

**光岡**　そうだと思います。吸収して、直観と智慧《ちえ》を使って分析し、すみ分けて再度混ざり合えるようにするのが日本の文化ではないでしょうか。

**内田**　明治維新後は、「殺傷技術としてなにが一番有効なのか」というプラグマティズムと、「天覧試合をやって、優勝した流派だけ残して、あとは滅びるに任せる」といったひどくシンプルな優勝劣敗の物語が支配的になってしまった。実際には、すべての流派は、それぞれ独特の形で人間の持っている心身の能力を見出していたはずなんですけど。

**光岡**　ひとつひとつの流派によって身体の捉え方が違います。それは生活様式や環境で身についたことによっても違ってきます。さらには地域性も関係してきます。たとえば岡山には起倒流[*10]（備中派）や竹内流、薩摩には自顕流《じげんりゅう》が[*11]、尾張には新陰流[*12]が根づいたように、土地土地の特徴に合わせて武術、武道の流派は形成されてきました。

いろんなものを受け入れて、それを尊重しつつ、もともとあったものと両方を持っておける。ちゃんとすみ分けておいて、一緒に尊重する。だから型がつくれるのだと思います。

**内田**　そうですね。

**光岡**　日本語がいい例ですよ。片仮名《カタカナ》、平仮名《ひらがな》はすべて漢字からつくられています。暮らしに欠かせない言葉にも中国からの強い影響を受けはしても、中国語そのものになることはなかった。そして、わざわざ大陸から渡って来た音読みと翻訳のための訓読みをつくって分けた。受け入れ、すみ分けておく。これがこの風土にある型の源流だと思います。

伝わった読み方と、もともと土着で使っていた言葉の二つを使うといったように、すでに言葉の上で型通りのことをやっています。違うものを一緒にひっつけているだけに、逆に「なにが日本のオリジナルなのか？」という問いに答えるのが難しくなります。よく「伝統が大事だ」と言う人がいますが、では、あなたの思っている伝統は果たしてどこまで伝統か？　オリジナルがなにかといったら、いろんなものがひっついているから「これがそうだ」と断定するのは難しい。

たとえば、伝統的な座り方といったとき、正座と胡座《こざ》のどちらが伝統的かといった話になってくるわけです。でも、どちらが正統性のある伝統か誰もわからないでしょう。

思うに、もっとも伝統的な座り方というのは、正座でも胡座でもなくやっぱりしゃがむこと。いわゆるヤンキー座りですよ。伝統というなら、このスタイルが縄文時代に一番多かったと思うんですよ。

トラディショナル・ジャパニーズはたぶんそういう格好で採った実を処理したり、ちょっと腰かけたりしていたはずです。いまみたいに機械任せにできないから、しょっちゅう立ったり座ったりをしていたと思いますが、そういう生活の中でよくしたのは、しゃがむことだったのかなと推察します。

**内田**　座り方一つとっても生活様式が明治で一変してしまった。

## 明治維新以前の身体にアクセスする

**光岡**　暮らしに欠かせなかった鍬《くわ》の握り方や艪《ろ》の漕ぎ方も、今ではわからなくなっています。

韓氏意拳の方で漁業をやっている若い人がいます。彼の暮らす一帯では八〇歳ぐらいのおじいさんが一番古株で、そのおじいさんの若いころに船にエンジンが取りつけられるようになったそうです。それまではエンジンなしで漁をしていたわけですけれど、いまの漁師からすれば、手で漕いで沖へ出るなど奇跡のような話だそうです。でも七十年くらい前までは誰しも普通にやっていたことです。そういう普通がなくなると、生活習慣とそれに裏打ちされた体の基礎がなくなります。

だから明治維新以前、百六十年前の人の技を復元したいならば、少なくともそれ以前の生活様式で養われていた身体がスタート地点に立つには必要となります。

やはり実力あるとされる人を見てみると、確実にいまの代よりも一昔前の体にアクセスしています。それが技を遣える人たちの共通項としてうかがえます。生活様式が昔と変わり、より便利になったいまよりもちょっと前の時代の体を持っている。だから一昔前の時代の技が成立するのです。このあたりが武術を稽古していく上でのヒントになると思います。

古《いにしえ》の身体にさかのぼるにあたって、それがなぜ武術でないといけないか。これは内田先生があまり好きではない、切った張ったの話と関係しています。どちらかが生き、どちらかが死ぬ。そういうギリギリの状況が前提だったから技術が高度に洗練されてきたのです。それを追

1880年頃の沿岸漁業の様子（写真提供／ユニフォトプレス）

うことは、人間の実体に近いところ、生きるとはなにかを観ることになると思っています。武術の流祖は過酷な状況を生き延びた、いわば帰還兵です。ただ、現代の帰還兵と戦国の武将や武士はずいぶん違ったでしょう。だから自分を省みた時の心の強さは同じ人間とはいえ、まったく別ものです。

要するに人を殺しもし、首も斬った。その事実から逃げなかったのだと思います。勝ち名乗りをあげ、斬った首を高々とあげた。それが栄誉あることだとして、またいくら殺すにあたって大義名分があったとしても、それだけで己の行為を正当化しきれるものではないし、一生もたないでしょう。

**内田**　そうだと思います。

## 狩るか狩られるかという関係性

**光岡**　そのあたりの心の強さは、昔の武将のほうがあったと思います。そういうことを感じたのは、フィリピンのカリンガ族[*13]という首狩り族と一緒に生活した、前述の関根先生の話を聞いたからです。敵対する部族を殺して首を狩っているわけですが、彼らもまた現代の帰還兵とは違うようなのです。

**内田**　宗教的な処理をしているからじゃないですか。

**光岡**　そうだとは思います。ただ、そこでいう「宗教」とは、私たちの理解の及ばないところにある宗教性にあります。彼らは狩った首を取っておくのですが、その理由は言わないのでわからないのです。宗教的な弔いなのかもしれないし、手柄みたいな意味もあるのでしょうけれど、どうもそれだけではなさそうです。一生供養するような意味もあるかと思います。

**内田**　そうなのでしょうね。

**光岡**　でも、そういう意味をわざわざ言いませんから、わからない。小さい集落で生活しているからコミュニティが狭いし、書き言葉も必要ない。だから概念の共有も必要ないのでしょう。

住人が一二〇人以上になってくると概念の共有が必要になってくるかもしれません。集落が巨大化し、わざわざ言わなければ生活や文化を共有できない人口になると文字にしたり、シンボリックに記号化したりする必要が出てきます。だからなのかわかりませんが、南米のピダハン[*14]とかヤノマミ[*15]、もしくはカリンガとかイフガオ[*16]とかフィリピンやインドネシアの少数民族はコミュニティを小さくしておきます。そうすると概念の共有が必要ないため、部族のみんなが家族状態になります。「あそこ」「こっち」で話は済みます。東西南北という概念も必要ない。

ピダハンの文化や言語では「左右」や「一以上の数字」の概念もないそうです。
そういう暮らしの中で宗教といった時、私たちの思い描く宗教とはまったく違うはずです。かりに縄文時代の初期に宗教があったとしたら、そのようなものだったのではないかと想像されます。かといって、彼らに「宗教観があるか」というとわからない。おそらく本人たちにはその自覚がないでしょう。
森のものを食べ、森で死んでいく。生まれてくることと死んでいくことがあまりにも一緒になっているから、一般的に言われる宗教とはずいぶん違うはずです。しかし、私たち近代文明に染まっている人からすると彼らの世界観は「意味不明」に映るか、よくわからない我々の見識の枠を超えたミステリアスなことに見えるでしょう。

**内田**　だから首を取っておく意味も明確には言えない。

**光岡**　そうでしょうね。カリンガ族では下顎の骨は霊性があると言われ、銅鑼《どら》太鼓の取っ手にするそうです。神聖な楽器だから霊性の宿る下顎の部分をフックに用いる。重要な儀式の時に使うのだそうです。そこに民族楽器の研究で行っていた方がその銅鑼太鼓の取っ手に付いている歯が「手に刺さって痛かった」と言われていました（笑）。
下顎の扱いを見ていると、おそらく物ではない。かといって人でもない。首を狩った残りの体のほうは物みたいに処理するそうです。しかしながら、じゃあ、そうはっきりと物として身体を扱っているかというと、そこもよくわからないそうです。つまり、物と事とがはっきりとわかれていないようなのです。でも、頭だけは取っておく。そこは彼らの人間らしさなのかもしれません。

**内田**　太古的な起源のものでしょう。首を斬るという行為は、霊的な意味があると思います。能の修羅物[*17]だと、平氏の侍は源氏の侍に負けて首を斬られる。実はそこのところの描写はかなり写実的なんです。抽象的にぼかしたりしない。首が斬れて、骨が砕けて、血が飛び散るというところを詳しく詞章で説明する。そして、最後は必ず死者を供養します。

**光岡**　なるほど。その話を聞いて思うのですが、首狩り族の彼らも「首を狩って、供養しました。終わりです」というのでは、なにかあまりに都合がよすぎるように感じているのかもしれません。だから自分が死ぬまでとっておくのかと思います。そこまで縁が深い間柄だというわけです。自分が首を狩られて相手に頭をとっておかれ、一生面倒見られるか、自分がそうするか。相手との、狩るか狩られるかの間柄だから。ある意味、二人の出会いは結婚よりも深い関係なのかもしれません。

**内田**　それはそうでしょうね。

光岡　本当は結婚も生存という観点からすると、それぐらいシビアかもしれませんが（笑）。
内田　ふふ。ちなみに、その狩るという行為は戦争ではないんですか？
光岡　部族同士の戦《いくさ》ですね。
内田　狩猟採集に出かけた道すがら出会ってしまい、そこで突発的に起きるような感じでしょうかね。
光岡　部族同士の集団の戦もあるようですが、そういうのもあったかもしれません。行きあってパッと目が合った。ライオン同士が目を合わすような感じで、その時互いの間だけしかわからないなにかが起きた。恋のときめきの逆バージョンみたいなものです。「こいつだ！」と一瞬のうちに勝負になる。
内田　ああ、命のやりとりをする運命的な相手と出会ってしまったわけだ。
光岡　「これはもう仕方ない」というほかない。一切の迷いなく、お互い納得の上のことが瞬間的に決まる。
内田　宿命的な出会いの場にいまいるといったような感覚でしょうね。恍惚《こうこつ》とか満足感もあるかもしれません。
光岡　満足感というより、避けて通れないし逃げもできない。でも無闇やたらに立ち合ったらいけないようななにか。曰《いわ》く言い難いなにかがここぞという時に生じた。

**内田**　うーん、そういうのがあるのでしょうね。

**光岡**　私もそこまでシビアなのはさすがにありませんが、ちょっとだけわかります。

私がハワイに居たころ、ある週末にハワイアンの友人でもある道場生とバーへ行っていた折の話ですが、その夜は誰かトラブル・メーカーが居たらしく店のバウンサー（警備兼用心棒）がその人物とその連れたちを店から追い出してました。夜も深まり店も閉まる時間となり私もハワイアンの友人と帰ろうと思い店を出たら、なんとそのトラブル・メーカーが上半身裸の臨戦態勢で店のドアを出た目の前の少し広がった空き地の真ん中に立って居ました。ハワイのケンカではほとんどがシャツを脱いで上半身裸になる習性があるのです。

友人はなにも言わずに空き地のド真ん中に立っているそのトラブル・メーカーと目が合った瞬間に互いが間合いを詰め、お互いにひと言も交わさずいきなり殴り合いが始まりました。ハワイでのケンカの特徴は先にも紹介した通りですが、これはよくあることです。

ただ、当時の私としてはひと言ぐらい「なんだ、てめー、このヤロウ、やるのか!?」ぐらいのやりとりがあるのかと日本での価値観で見ていたので、正直なところなにが起きたのかわかりませんでした。もっと正確には「なぜ」起きたのかわかりませんでした。まさに目が合った瞬間、言葉も交わさず戦い始める、文明的に考えると訳がわかりませんし、異なる文化圏の価値観からもわかりません。ただ、言えることは、そのような体験から「いつ、どこで、なにが」始まってもおかしくないことは改めて実感できました。武術、武道においてはステップ1となるもっとも基礎的で基本的なことかとも思いますが、同時に現代の武道では失われつつある感性でもあります。

## 古典的な身体の体験

**内田**　首を斬るということには深い意味があったのだと思います。昔の日本の武士が首を斬ったのもそうでしょう。熊谷直実《なおざね》が平敦盛《あつもり》を討ち取った後、得度して坊主になり、敦盛の霊を生涯かけて弔うというのが「敦盛」の筋ですけれど、直実は頭髪を全部剃《そ》る。『旧約聖書』の「サムソンとデリラ」もそうですが、洋の東西問わず、髪の毛には霊性が宿るとされています。人間の生命エネルギーの象徴ですから。首を斬った武士が、自分の髪を切るというのは、生きながらにして自分の首は斬れないので、それに準ずる「自己斬首」のつもりではないかと思います。髪の毛一本にも生命活動を感知できた。そういう生々しい身体を持って生活していたわけですね。

光岡　そうですね。

内田　明治維新以後、徹底的に日本人はそういう「生々しい身体」を消してきた。では、これからどうやってそのような身体を取り戻していけばいいんでしょう。

光岡　最近、講習会で田植えの姿勢をとってもらいます。先ほども言いましたが、古の生活習慣の「普通」はしゃがむことだったと思います。しゃがみ立ちは生活の基本となります。その名残りが日本の生活様式の変容変質と深く関係しております。一九五〇年代までけっこう地方には残っていました。風呂の火を焚きつけたり調理したり、洗濯だってしゃがんだ姿勢で行っていましたから。こういう習慣は東アジアや東南アジア一帯にも言えることだと思います。

中国は椅子文化ではありますが、やはり庶民の生活様式は地べたに近いところにあって、そこで薪を割ったりしていました。日本の古典的な体を考えてもやっぱりしゃがむ姿勢、田植えの時の中腰の姿勢が基礎にあるのではないかと思います。

では、中腰で足を少し開いて田植えの真似《まね》をしてもらえますか。そこから苗を植える要領で後ろに進んでいきます。どうですか？

内田　（実演）けっこうきついです。

中国武術の歇歩（けつほ）でしゃがむ姿勢を指導する光岡。「歇」とは、腰を下ろして休む姿勢を意味する

**光岡**　そうですよね。では、この姿勢で半日から一日作業すると想像してもらえますか？

**内田**　いや、それは無理です！

**光岡**　これがかつて昔の人が持っていた体のアベレージです。そうすると、少しだけ昔の人の体なり足腰の位置がわかってきませんか。腰を下ろし切る途中の腰の高さ。下手にやると空気椅子みたいなトレーニングになってしまいます。

でも、これは体罰じみた鍛錬ではありません。現代のように腰を反らしたり、ピンと背筋を伸ばすことのない時代にとっては普通の姿勢です。江戸時代の絵や明治時代の写真を見たら一目瞭然《りょうぜん》ですが、圧倒的に少ないのが膝を伸ばして棒立ちで立っている様子です。

**内田**　なるほど。そう言われたらそうかもしれません。写真で見ると、膝をやや曲げ、腰は多少屈《かが》めている感じですね。生活様式に伴う身体の変化は、「膝を伸ばして立つ人がほとんどいない」という指摘の通りですね。

**光岡**　先ほどから私たちが使っている「身体」も近代になってからつくられた用語です。昔の言葉で言えば「躰、體、軀」のどれも「からだ」と読みます。その言葉が表しているのは、さっきの「足腰のある感じ」がする體です。古の時代では普通だったアベレージの體です。当たり前の生活の中で練られた足腰が基礎としてあって、そこからさらに特殊な武術の軀と技の捉え方が発生しています。

当然ながら、その時代の武術の技はその時の体がないと成り立ちません。インストールできるハード（身体）がないのに、ソフトウェア（技術）だけではどうしようもない。

**内田**　田植えの足腰の高さがハードだとしたら、これがどんどん消えていったのが、この百六十年だった。

**光岡**　産業革命や明治維新以降の変化は、近代産業化によりハードとなる体を失うことから始まった。別にイギリスやフランスが意図的に戦略として日本人やアジア人の足腰をなくすようにして自信を奪おうとしたわけではないでしょう。本人たちも椅子に座っているから（笑）。

**内田**　自分が負け戦になるような身体をつくっておいて、相手を負け戦にしていくのは、なかなかありえませんね。

**光岡**　意図的ではないから起きたことなのでしょう。いまはかつての農民程度の体もない。というのも武士は農民以上に武術的にはもっと身体が使えないといけなかったはずです。その武士が身につけていた武術の型や稽古方法を、現代の私たちが稽古するのですから、かつてのハード（身体）がわからなければソフト（技術）は使えないのは明らかです。長年かけて消してきた体を取り戻していかないと、なおのこと武術の本性はわからなくなっていきます。

内田　本性を、つまりルーツを訪ねることが大事になってくるわけですか。

光岡　はい。なによりルーツを知ることは人にとって自信の源になります。なぜここに自分がいるのか？　といえば、おじいさん、おばあさんがいたからです。ある村やある文化圏に属していたからです。たしかにここに存在するのは、これまでにいたる連綿とした流れがあるのだとわかったとき、自分の立っている居場所が少しわかってきます。

しかしながら武術では、いまに連綿とつながる祖父母がいることを理解せず、現代人の身体感覚や身体観のままで昔の技を使おうとしてしまう。その技や術が成り立っていた時の体がどういうものであるかを知ることなしに、その時に形成された技は使えません。先述したように私たちは、学校生活で、椅子の上に座って足腰を消す稽古を最低でも十二年間、一日の三分の一くらいやってきた結果、終《しま》いには頭しか使わないで済む体になりました。西洋的な文明を取り入れた、いまにいたる我々のつくった社会がそういう身体になるよう要請し、また社会で生きる上ではある程度は新たに形成される社会性に対する適応も必要なので、現代における身体観の全否定はできません。しかし、それはそれとして別の体を身につけないと、武を志す上ではスタート地点にでさえ立てません。

## 身体に注目していく「集注」

**光岡**　さて、今度は田植えの姿勢にあたるような、中国武術の基礎を少し紹介します。まずは馬歩です。中国武術の五大歩型といって五つの基本的な足のおき方と姿勢の一つです。足を開いて腰を落とします。

**内田**　馬歩というからには、やはり馬に乗るような姿勢ですか。

**光岡**　はい。ただ、この説明が難しいのは、馬歩の説明は馬に乗った人でないと共感できないからです。昔の中国北方の騎馬民族なら「馬に乗った時の感じでやれば大丈夫だ」と言えたのでしょうが、いまはそういった生活様式や習慣もありません。つまり共通認識がないので伝わりません。

ちなみに、「馬に乗る感覚」といっても鞍《くら》のある馬ではなく裸馬です。鐙《あぶみ》など足をかける場所がないので、足元をしっかりさせるのは論外です。でも足腰はしっかりしないといけない。馬歩をちょっとやってみましょう（実演）。

**内田**　これもきついですね。

光岡の馬歩

光岡　さっきの田植えの時の足腰の高さで立ちます。足を緊張させるのではなく、足と足の間の空間から足の外の空間のほうを観てください。観るのは肉眼ではありません。目をつぶって気持ちや気が向く方向、目線を下の足腰のほうに向けてください。そのまま田植えの足腰の高さまでおろして、手を少し上げていきます。馬の手綱をひく感じです。どうでしょう。なんだか立ち上がりたくて仕方ない衝動が湧《わ》いてきませんか？

内田　そうですね。堪えられない感じがあります。

光岡　それがあるのが本当です。これが私の言う身体的ジェネレーション・ギャップなのですが、現代人に、いまの生活様式に慣れた身体に戻りたいという衝動があるんですよ。

内田　これは荒稽古ではなく、あくまでスタートラインに立つための稽古ですよね？

光岡　そうです。この稽古には、勉強のような集中ではなく、身体に注目していく「集注」が必要です。集中はキュッと縮こまっていくような感覚があります。集注は身体全体に注いで一ヶ所一ヶ所に視点を集めるように観ていきます。頭の中で行う集中ではありません。集注した時に観えてくる體の発生があります。

内田　きつく感じるのはなぜですか？

光岡　一つはかつての體が躰から生まれようとしているからです。赤ちゃんが母体から生まれるように、内田先生から古の身体が生まれてこようとしています。生まれること、産むこと、発生というのはきついものなのです。やはり生まれてくることはたいへんで、命がけのことです。でも人生において産道を通る以上の圧力はおそらくありません。発生から逃避するのか受け入れるかどちらかしかないにせよ、誰しも生まれた限りは、一度は受け入れる経験をしています。

昔の人は一日中、体とともに過ごしていました。米俵を担げたのも、現代人のような筋肉に精神力と意識で力を込めるような集中ではなく、ふだんから集注によって行っていたからでしょう。その集注観で武術の型も稽古したはずです。そういうものが産業革命や明治維新のころから一気になくなり始めた。

産業の発展のおかげで生活が豊かになり、体を使わないでいいし、厳しさに直面しないで済む環境になりました。テクノロジーの発達は、どんどん快適な環境と楽さに甘えられるようにしていく方向へと向かっています。それは仕方ないのですが、体での感覚経験があるからテクノロジーを開発できる。体で体験、体認したことがあるから想像力も湧くわけです。その経験や体験の基盤となる体がないとなにも始まらない。決して頭だけではないということです。

## 「神」と「精神」

**光岡**　田植えの姿勢も馬歩も足腰をつくるための応急措置です。試してみたことで、古の身体が少し観えてきたと思います。私たちのふだん意識している身体は概念ですが、それとは違う身体を体験してもらいました。そのことでわかってくるのは、身と体の違いです。

私たちは「身体」という語を使います。それがなにを指しているのかわからないままに。そもそも明治になって当時の日本の文化人が西洋へ渡り西洋文明を日本へ取り入れる過程で多くの新日本語をつくりました。その一つが原語においてラテン語の〝corpus〟でありフランス語の〝corps〟を日本では「身体」と訳しました。一部では「コルプス（コール）」とカタカナのままでいいのではないかといった文化人もいて、議論があったそうです。

この身体という概念は日本では理解が難しい。〝corpus〟に限らず〝spirits〟〝idealism〟といった明治期に輸入されたり翻訳されたりした言葉と概念は、どれも西洋の身体観、身体感覚がなければ本当は共感を示せません。そもそもこのような西洋の概念、つまり西洋文化由来の言葉や概念を成り立たせているものはなんだと思いますか？

内田　神ですか？

光岡　そうです！「はじめに言葉ありき、言葉は神とともにありき」というように、唯一神という前提で言語体系が成り立っています。私は子どものころ、"corps"の理解に苦しみました。なぜなら"corps"には軍隊という意味もあるからです。また、死体という意味もあります。身体と死体、軍隊がなぜ同じ言葉なのか子どものころは本当にわかりませんでした。

大人になった後、ある時「神が大前提となっているからだ」とわかって腑に落ちました。身体も軍隊も、神様、かつ神から与えられし精神があるから機能するのであり、「あいつは悪い」と、"In the name of the father"や"Lord of God"と観念的につくられた「神の名のもとに」を大義名分に立てて戦えるわけです。

身体のほかに肉体も明治期以降の造語で、これは"flesh"の訳です。"flesh"には肉塊、動物や人間の肉という意味もあります。肉体にして生肉のような物。ここに西洋の身体観が現れています。

聖書によると人間の体は泥からできたものです。取るに足らないもので、崇高な精神がそのなにもできない肉体や身体をコントロールしてくれる。精神がなぜ崇高かというと、神から与えられたものだからです。それが身体感覚の前提にあるのですが、多神教文化ではこの一神教的な身体観には共感しにくいかと思います。

**内田**　そうですね。日本人としては、神様はたくさんいそうな気がしますから。氏神様や龍神様もいれば、トイレにも竈《かまど》にも神様がいる。キリスト教は入ってきたもののさほど普及しなかったのは、やっぱり土地柄に馴染《なじ》まなかったからでしょう。

**光岡**　唯一なる神は輸入できなかったけれど、神にまつわる神以外の精神や肉体、身体は輸入できました。けれども西洋の文化の中心にある神を抜きでそれにまつわる概念や言葉だけ編入し、その結果どういうことが起きたかといえば、「精神論」や「肉体論」が登場するようになりました。神があってこその精神でありながら、その精神をどこへ向けていいかわからない。だから武術、武道の世界でも「とにかく精神統一しろ」といった訳のわからない精神論が登場したのです。その精神うんぬんが概念として日本で構築されていくピークが昭和の軍国主義や根性論でしょうね。

**内田**　精神を向けるアイコンとして天皇を奉り、イデオロギーの中心においた歴史がありました。

**光岡**　それも一つの手段としてありました。そういえば、食事の挨拶《あいさつ》で「いただきます」と言うのは伝統的だと思われていますが、あれは一九三〇年代くらいに始まったそうです。その原形は「天皇陛下様ありがとうございます。お百姓さん、お父様お母様いただきます」です。そもそも日本には、食事の前に手を合わせる風習がありませんでした。あれはキリスト教の「神の恵みに感謝します」といった食前の祈りの影響でしょう。

こういったさまざまな言葉や考えが輸入され、知らず知らずのうちに身体観も変わっていきました。西洋では、もとが泥である肉体や身体は役に立たないものです。唯一機能するとしたら、神から与えられた精神がそこに入った時だけです。そういう考えが無意識のうちに日本人にも浸透していった反面、神なしの精神はありえないから、そこの矛盾に日本人はぶつかるわけです。どうしたって精神の持って行き場が見当たらない。西洋文化では週に一回教会に行って精神を神の下へと戻すのですが、その風習の根づかない日本では、肉体や身体は、そのうちに「役に立たないから精神で意識してコントロールしないといけない」という強迫観念を抱くまでになってきました。そのような身体の捉え方が現代の私たちの身体観の根っこにあります。

私たちがいま「身体」「肉体」と呼んでいるものを、まったく同じではないのですが、似たところで先人たちは「身」と呼んでいました。身は体の内と外の境目にあるものです。さらにいうと内にも内と外があり、内の外には體が、内の内には躰、骨の本があります。

**内田**　体の内と外があるまではなんとなくわかりますが、内の内、内の外というとちょっとわからないですね。

**光岡**　先ほど馬歩という型を通じて体に集注した時、なんとなく発生した体がありましたよね。目をつぶっても観えてくる。その発生源が体の内の内、身の本と書く「躰」です。でも躰はなにかというと、よくわかりません。

**内田**　わからないんですか（笑）。

**光岡**　はい。どうして人が生まれてきたのかわからないのと同じです。身体教育研究所の野口裕之先生の言葉を借りますが、私たちは、「生因」はわからないけれど死因を求めるというおかしなことをしています。生があるから死があります。だとしたら生因はわからないで、どうして死因がわかるでしょう。いくつかわかるのは生因がどこかで発生したことと変化することです。それは体の「内の内」にあたる、わからないところでの話です。

武術であれ能であれ、古典的な世界が示しているのは「内の内」だと思います。ここについて話す人があまりいません。だいたいの人が「内」と思っているのは、「外の内」の話です。だから精神と心を混同するし、思考と気持ちの違いがわからないのです。わからなければ、とりあえず自分自身に、つまり体に戻る必要があります。

先ほどの型稽古で自分の中の体が現れるのを感じたと思います。これは精神ではどうしようもない体です。そもそも体の層が違うのですから。

現代人の概念的な身体のまま型をやると頭や首や肩といった上半身に集中がいってしまいます。椅子に座る生活の中で自然と身につけた集中の仕方が現れるのです。そこから意志によって集中から集注へと変えていかないといけない。そのために型を通じて体を観ていく必要があります。

つまり、どう体に集注していくかが型稽古になっていくわけです。その上で大事なのは、概念的に理解できる「実感や実体のあるところ」を主要点にしないことです。生命はわからないところから発生しています。体のわからないところを観ないと生命は観えてこない。

**内田**　うーん。いまのお話の答えになるかどうかわかりませんが、精神はたぶんギリシア語だと「プネウマ」、ヘブライ語では「ルアハ」、気息とか風を意味する語から派生しているんだろうと思います。それは「わからないところ」「ないところ」を指示しようとしていたのかもしれないですね。効果だけがあって実体がない。それが時代がくだるにつれ、精神が物体的に把握されるようになった。

**光岡**　そうですね。原初は無形で私たちの観念や概念では捉えられないことの話だったと思います。観念や概念を共有しないといけなくなって、実体感を伴うようになってしまったのでしょう。

精神は概念です。日本においては精神も近代につくられた用語ですから。古の人はそれを思、想、念といった言葉で表しました。つまり頭の中がもわもわしたりすることがある。それが精神です。概念だから外においておかないといけない。外にある精神が自分だと思ったら混乱します。だけど精神と違って、心は外に放り出したらいけない。

## 心は肚に戻る

**光岡**　精神と心は違いますよね。それぞれどこにあると感じますか？

**内田**　心のありかを尋ねられたら、やはり胸の辺りを指しますし、精神は頭ですね。

**光岡**　誰しも感覚的にわかっているのです。心という字は紀元前六〇〇年くらいにつくられました。伝統的な中医学では、心はどこにあるかというと鳩尾《みぞおち》の上の辺り、触るとなにもないし感じないところです。ついで胸の上の真ん中辺りになんとなく詰まったような、感覚的な手応えがあるのを感じませんか？　ここは情です。

ボクシングでは、"hit your heart. don't be emotion" と言います。情ではなくハート（心）

で打て、というわけです。感覚ではわかっているんです。ただ西洋では情と心の違いがはっきりわからない。ちょっと上下の差がある、似た位置にあるからでしょう。

「精神」は日本では明治期に考えてつくられた概念ですから、精神自体のありかが頭にあると感じるのは正しいのです。精神は中医学で生命を司《つかさど》る働きとされた「気・精・神」という文字を用いてつくられました。

さらにいうと、中医学の丹田とも関係しています。丹田は上・中・下で分かれています。上丹田は部位でいうと頭で神を、中丹田は胸で気を、下丹田は肚で精の働きを司ります。また上丹田からは思、念、想などが生じます。中丹田には心が、下丹田に意があります。意は直感的な判断に欠かせません。

**内田** やる気の意味で使われる「ガッツ」はどこにあたりますか?

**光岡** ガットフィーリングと言いますね。あれは胃です。欧米では肚はわかりにくいみたいです。彼らにとって直感的な判断なり自負は肚に宿るものではないのでしょう。だからといって、現代の日本人に肚がわかるわけではありませんが。近代でも江戸時代の名残りのある明治くらいの人ならわかったでしょうね。

**内田** 『旧約聖書』の「ヨブ記」に興味深い一節があります。「ヨブ記」には、ヨブとエリファズ、エリフの三人が登場します。ヨブは神を信じていました。悪魔が神に「ヨブは篤信者だと思っているけれど、不条理な目に遭って、不幸になったらきっと信仰を捨てるだろう」と挑発します。神はヨブの信仰を試すべく、ひどい目に遭わせます。ヨブはすべての財産を失い、皮膚病にかかり、家族も死んでしまう。ヨブは神がどうしてそんなことをするのかわからない。そこで天に向かって「私のどこにまちがいがあったのか。それを教えてくれ」と訴えます。そこにエリファズがやってきてこう言う。「神がまちがえたことをするわけがない。ヨブがこんな目に遭ったのは知らないうちにお前がなにか過ちを犯したからだ。神の振る舞いは常に合理的だ」と言って説得します。でも、ヨブは納得しません。最後にエリフという若者がやってきて、ヨブとエリファズの話をずっと黙って聞いていたのですが、最後に「もう我慢できない」と激昂《げきこう》して語り始めます。その時に「私の意見を述べてみよう。私にはことばがあふれており、一つの霊が私を圧迫している。私の腹を」と言いだす。その箇所を読んだ時、なるほど古代ヘブライの人たちにおいて「霊は腹にいるのか」と驚きました。

エリフは「おまえたちはどちらもおかしい。まずヨブ、あなたはひどい目に遭った理由がわからないから神にここに来て理由を解明しろと言う。なんと不遜なのか。それからエリファズ、あなたは神はいつも正しく、合理的な理由があって罰しているので、本当に篤信者であれば、最後には必ず救ってくれると言う。あなたは神がなにを考え、どう振る舞うのか予見可能であるという。そういう態度は信仰とは縁遠いものだ」と言うのです。

**光岡**　神への期待感がまちがっているというわけですね。

**内田**　ええ、「神は合理的に行動する」という発想がよろしくない。そこに神が来臨して、ヨブとエリファズとを厳しく叱責《しっせき》するのですが、しかし、エリフに関しては言及がない。この部分を先日しみじみ読んでいたのですが、その時にエリファズは頭で考え、ヨブは胸で考え、エリフは腹で考えた。そういう話なのかなと思いました。

**光岡**　なるほど。

**内田**　頭、胸、肚の三分類が太古にはあって、そういう身体分節は太古においてはわりと「当たり前」のことだったかもしれません。そして、一番大切なのは「肚に霊」という経験だというふうに広く思われていた。

**光岡**　中国の場合、二千年より以前はおそらく胸と頭はなくて、肚だけです。心が発生したから意が生まれた。つまり、肚に戻すためにあえて意をつくった。そのあたりの感覚に通じていたのか、新陰流の上泉伊勢守《かみいずみいせのかみ》は「意」と書いて「こころ」と読ませるんですよね。

## 古の身体に帰って見える未来

内田　今回ちょっと田植えの姿勢なり馬歩をやっただけで、股関節を感じたり、癒着していたところが剝《は》がれていく感じがしました。古の身体に戻ることはまことに困難ですね。

光岡　そうですね。頭でわかる身体ではないところに戻るのは、現代人にとってなかなかたいへんです。

内田　昔の武将といまの兵士の身体の違いについて先ほど言及されていましたが、現代では戦いを語る語法に身体がない。それは「戦いがファンタジーになっている」ということなのでしょうか。

光岡　ファンタジーだから安易に考えてしまえるし、やってしまえるのです。要するに肌身で感じるはずの怖さ、恐ろしさを感じないいんですよ。「これやったら死ぬな」というのを事前に感じられるのが武術であり、稽古です。「だから止めておこう」となる。

でも、いまの時代のように頭だけで生きてしまえる状況で、いきなりそこから入って理解できないのもわかります。時代に合わせた学習の仕方や過程があるはずです。

たしかに江戸時代の人と比べたら現代人の身体は、すごく幼いでしょう。難易度の高いことをすぐに要求しても難しい。生活の中で身近に感じられるところ、それこそ遊びを通じてでも道しるべをおいてあげないと教育そのものが成り立たない。たとえば、うちでは子どもたちとどんな遊びをしているかと言いますと、まあ普通なら「パパ、キャッチボールしよう」とかでしょう。それが「パパ、手裏剣打とう」「火おこししよう」です。

**内田**　すてきな一家ですね（笑）。サバイバル技術を習いたいという本能的欲求は子どもには絶対にありますよね。

**光岡**　肌身で感じる教育を考えた時、子どもたちに物事を教えるには、本能なり生活と密着したわかりやすいところからでないとおそらく伝わらない。

子どもに対して〝無理やり言ってきかせる〟ことはまずできません。そもそも大人であれ子どもであれ、強制して無理やりなにかをさせることは根本的には無理です。必ずなんらかの形で当人の同意がなければ協力してもらえません。

子どもを教育する上では親のほうが下手に周りの価値観に影響され、身近なところばかりを直して隙を埋めていこうとし、疲れ切ったところで大きく失敗する例はよくあることです。一人の人間が成長することに対して少しでもなめてかかると痛い目に遭います。

また、人間が一人の大人になることはたいへんなことですから、作業としても長い目で見なければなりません。親は子どもが成人する日を本番のスタートラインと理解し、それまでの時間は練習期間・準備期間とし、山あり谷ありの少年期や青年期からいかに人に成ることの意味を本人の中から導き出せるかが問われます。

親も常に自身を省み、子どもとの一時一時を真剣勝負の戦とし、攻め際と引き際を弁《わきま》えながら、どこで気を抜き、どこで気を引き締め、どこへ気を向け、いつ気を使うか、などを直観的に判断し共に生きていく必要があります。それは「他人から言われたから子どもに強要していることなのか?」「子どものことをよく理解しようと努力した上で言っていることなのか?」「周囲や他人から得た価値観に子どもを当てはめようとしていないか?」「親としても、一人の人間としてもよく考えてから子どもに意見しているのか?」などが自省体認のポイントとなります。基本はなによりも子どもにもともと備わっているよいところを育ててあげることです。それと共に本人が一人の人間であることの経験や体験をなるべく自分でできるよう機会を与えてあげることです。ここは各家庭や各地域で違っていてしかりかと思います。各家庭や各地域は異なる文化圏ですので、子どもの自信はその異なる文化圏で養われていきます。その家庭に合った経験や体験とその地域に合った経験や体験が、子どもたちを育んでいきます。人のアイデンティティや自信のベースとなる地域や家庭といったところでの人としての経験と体験が、子どもたちの自信やアイデンティティになってきます。

これからは特に外からの情報はいくらでも入ってくるので、多様性のある価値観が見出せるか否かは心配ないかと思います。たしかにパソコンのない時代には自分から出ていって他文化の価値観を学ばなければ多様性の理解ができないことなどもありましたが、通信手段や情報にアクセスするためのテクノロジーが発達したいまは逆に多様性よりも「なにが自分のベースなのか」が問われてきます。地域、風習、文化、家庭が個々の人間のアイデンティティであり、自信の源でもあります。これからの教育は如何にこれらのことを教育の現場で育んでいけるかが問われるでしょう。

**内田**　それはもう学校教育の範囲を超えていますね。いまの学校の先生たちはもう目の前の仕事ですり減っていますから、これ以上「学校教育の現場」に仕事を要求するのは物理的に不可能だと思います。それよりは、実際に光岡先生や僕が現にしているように、家庭や地域やあるいは自前の道場で、学校教育ではできないことを教えて、学校を側面支援するしかないだろうと僕は思っています。いま、全国で同時多発的に「私塾」がつくられているのは、学校教育に対する批判ではもう片づかなくなったので、これ以上学校に要求すべきではない、必要なことは自分たちで身銭を切って教えようという覚悟が大人たちの側に出てきたからでしょう。

**光岡**　でも、実際、教えるって難しいです。動物や虫を殺したりするのも、本能的な衝動ですよね。うちのモットーの一つは「生き物を殺すんだったら食わんといけん」ですがこの間、それでしっぺ返し食らいました。蚊が腕に止まって、血を吸ったので叩いた。そしたら五歳の息子がそれを見ていてこう言った。「パパ、それ食べるん?」(笑)。それで蚊をじーっと二人で見て、「いや、血を吸ったから叩いたんじゃ」的な言い訳がましいことを言いました。本当に考えさせられますね。子どもの素直な発言には。

**内田**　「殺すなら食え」というのは素晴らしい教育ですよ。

**光岡**　かりにそれができない環境でも、それを知っておくのは大切だと思うんですよ。「殺したなら食う。食べるために殺している」ということを、ほかの生命を奪い自分が生存していることを。

**内田**　物事にはそういうプリンシプルが存在する。厳密には全部に適用しないけれども、基本はそうだぜというのは大事ですよね。

**光岡**　それが生きていくということへの敬意、そして殺される生命、生き物への最低限の礼儀ですよね。

＊1　**『男一匹ガキ大将』**　一九六八年―一九七三年に「週刊少年ジャンプ」誌で連載された本宮ひろ志のマンガ作品。侠気ある主人公戸川万吉がケンカを通して仲間を増やし、全国のツッパリに君臨する男になるという物語。

＊2　**『硬派銀次郎』**　一九七六年―一九七九年に「月刊少年ジャンプ」誌で連載された本宮ひろ志のマンガ作品。新聞配達をしながら生計を立てて、中学へ通う少年、山崎銀次郎が主人公の学園青春マンガ。続編に『山崎銀次郎』がある。

＊3　**『ドラゴンボール』**　一九八四年―一九九五年に「週刊少年ジャンプ」誌で連載された鳥山明のマンガ作品。七つの玉を集めると願いが一つ叶えられるという秘宝ドラゴンボールと主人公孫悟空をめぐって展開される長編冒険バトル・ファンタジー。次々に現れる強敵との戦いが好評を博す。

＊4　**神仏分離**　古来の神仏習合の慣習を禁止し、神道と仏教、神と仏、神社と寺院とを明確に区別させる歴史的な動き。

＊5　**本地垂迹説**　本地である仏と菩薩が、救済する衆生の資質に応じた姿となって現世に現れるという説。神道の神を垂迹と考える古来の神仏習合思想。

＊6　**釈徹宗**　一九六一年生。浄土真宗本願寺派如来寺住職。NPO法人リライフ代表。

＊7　**ミトラ教**　ローマ時代に流行した太陽神ミトラスを主神とする密儀宗教。

＊8　**修験道**　古来の山岳信仰が仏教と融合した日本独特の混淆宗教。

＊9　**星野文紘**　一九四六年生。山形県出羽三山羽黒山宿坊「大聖坊」一三代目。山伏名・尚文。二〇〇七年冬の峰百日行の松聖、二〇〇八年より松例祭所司前を務める。出羽三山神社責任役員理事、

出羽三山祝部総代。

＊10　**起倒流**　江戸初期に成立した柔術。茨木専斎俊房が流祖。起倒流鎧組討から起倒流柔術、さらに起倒流柔道とも呼ばれた。天神真楊流とともに講道館柔道の基盤となった流派として知られ、起倒流竹中派の形が講道館で古式の形として伝えられ、起倒流備中派も岡山県で伝承されている。

＊11　**自顕流**　薩摩藩士である薬丸兼陳が示現流を修めた後、薬丸家に伝わっていた野太刀の技をあわせて作りだした古流剣術で、薬丸自顕流、野太刀自顕流とも呼ばれる。

＊12　**新陰流**　戦国から安土桃山時代に成立した剣術。上野国の上泉伊勢守が愛洲陰流の刀槍術や諸流を学び、新陰流を開く。伊勢守は多くの弟子を育て柳生新陰流や疋田新陰流など多くの流儀に派生。

＊13　**カリンガ族**　フィリピンの山岳少数民族。かつては首狩りの習慣で知られた。

＊14　**ピダハン**　ブラジルのアマゾナス州の先住民族。右左や数の観念がないなど独特の言語体系で知られる。

＊15　**ヤノマミ**　アマゾン川支流のネグロ川、オリノコ川流域に居住する南米の先住民族。

＊16　**イフガオ**　フィリピンのルソン島北部に住む山岳少数民族。

＊17　**修羅物**　能の演目の中で武人がシテになる曲を指す。修羅能とも。

## おわりに　生存のための文化の本質を求めて

光岡英稔

内田樹先生に武道や武術における文化資本論について伺いたい。ちょうどそのころ、私は現代教育における課題をおもしろく、かつ辛辣に描いている『暗殺教室』を読んでいた。これも内田先生に読んでいただき、そこから見えて来る教育論の話もあわせてお尋ねしたいと思った。本企画にあたっては、そうした経緯があった。

私としては文化資本論や教育論をもとに、前回の共著『荒天の武学』ではあまり触れなかった、「武道や武術にどう取り組んでいけばよいのか」についても見出したいという考えがあった。

価値観や価値基準が散漫かつ簡略化されているなか、いかにして古《いにしえ》から伝わる〝大切な教え〟を後世に遺すことができるのか？　明治維新以降の身体観の変質によって変わってしまった価値観のなかで、伝統武術や伝統芸能をいかに現代に伝えるか。あるいは伝統が連綿と続いてきたことの意味はなにか。それは私たちのサバイブにも関わることであると考え、あらゆる角度からそれについて迫った。

## 北米と日本　二つのサバイバル

サバイブを語るにあたって、まず幼少期の話をしたい。私は高度成長期の日本に生まれ、小学校二年生の時にカリフォルニアの山奥へ引っ越した。いわば文明から原始的な生活へと一気に環境が変わったわけだ。先日までテレビで「ウルトラマン」や「仮面ライダー」を見ていたにもかかわらず、テレビはおろか電気や水道もない。灯油ランプと泉の水を汲《く》んでの生活を始めるようになった。

この頃からサバイブすることの意味を身体で知ったのかもしれない。山中の暮らしで義父に弓矢の射方やライフルの撃ち方をはじめ、ナイフの使い方やガラガラ蛇に嚙まれた時の応急処置の方法も教わった。

山にはリスやウサギ、鹿、イノシシ、アライグマ、狐、山猫、マウンテン・ライオンなどがおり自然と隣り合わせの生活だった。私たちの住まいは、まだ建築途中でしばらくは小屋に住んでいたりもした。完成した家の私の部屋は屋根裏で狭かったが、秘密基地みたいで楽しかった。狭さゆえ灯油ランプをおくこともできず、夜中に懐中電灯を使って本やマンガを読んでいたことはなぜかよく覚えている。

そういった環境で暮らすうちに自然とサバイブする術を身につけていったのだと思う。振り返ると記憶に鮮やかなのは、義父にプレゼントされたバック・ナイフで木を削っていた時、はずみで左太腿《ふともも》をザックリ切ってしまったことだ。いまでも傷跡が残るほど深く切ったのだが、特に医者にも行かず自然と血が止まるのを待ち、自然に治癒させた。怖くはなかった。しかし、あの時の〝あ〜、やっちゃった〟という感覚はよく覚えている。

そして小学校六年生で再び文明化された日本に戻った。そこではこれまでとは異なる別の生存《サバイブ》が待っていた。近代教育の中での生存《サバイバル》だ。アメリカの山村の小学校で受けていた、服装から席順まであらゆることが自由な教育から一変しての、制服から髪型まで規則とルールに縛られた教育に、私は工業製品のように扱われる感覚を覚えた。このギャップは正直きつかったものの、近代文明の便利さに溺《おぼ》れていく自分もたしかにそこにいた。このように振り幅の大きい人生を送ることで、野生の中で生存《サバイブ》し、また人間社会の中での生存《サバイバル》があり、この二つがともに要求されることを経験的に知ったように思う。

その後、高校を卒業してから一年も経たないうちにアメリカ・ハワイに移り住んだ。当時はただ衝動的に日本から離れたかっただけだが、もしかしたらいち早く近代産業的な教育から遠のきたかったのかもしれない。

しかし、ハワイはハワイで際どく頼もしいサバイバルが数多く待っていた。ハワイでの数多くの体験は前著『荒天の武学』でも触れたため割愛するが、ここでは武術において数多くの貴重な経験を積んだ。またさまざまな民族性や異なる文化圏の価値観を狭い地域の中で体験することもできた。こうした経験を踏まえた上でサバイブ、つまり生き残りをかけた生存について考えてみたい。

## 無自覚に失われていく古の文化

生存には二種類ある。社会的な生存と自然界における生存である。生き物の社会形成も自然界における一現象なのだから、すべてを「自然界の生存」ということもできる。そうではありながら、私たちは日々生きるために「人ならではの社会的な生存」を考える必要にかられている。これは、本書で触れているマンガ『暗殺教室』でもうかがえる。つまり、これは〝暗殺＝殺し合い〟という自然界では普通とされる現象と「教育＝社会性」という人間ならではのルールで人が人を管理する、そうした二つの形態を人は生きているということだ。

人が人を、もしくは人がつくったシステムが人を管理する。このような社会形態にはたしかに秩序と統制が感じられる。そこから近代文明は発展し、技術は向上してきた。快適で安全な暮らしを可能にする環境が整備された結果、安定した社会がもたらされた。ゆとりをもった人間は社会や自然界における生存と生命、つまり生命の起源について考える余裕を持つようにもなった。

その一方で私たちの根本的な生存能力は衰えている。人は自然界と拮抗すべく技術を発達させてはきたが、天変地異を克服することはいまなおかなわない。むしろ災害に見舞われるほど生物としての生き延びる力が衰えていることを痛感させられる。

「生存」について考え、生命の起源について問うてきたものの、それに対する答えを人はいまだに持っていない。つまり生命について考えながらも、肝心な生命の由来や要因を知らない。それでいて奇妙なことに死因や病因を求めている。生命はどこから来て、どこへ向かうのか。生きていくという歩みの第一歩目である生因がわからず、ままならないにもかかわらず、人は二歩目を踏み出すことをためらわない。

生因の訳を誰も知らないとはいえ、無自覚にもここまで生き延びてきたことは確かだ。それこそ『暗殺教室』のシーンではないが、振り返ると生命の歴史は自他の共生共存と、時折起きる争いの連続であった。争いの歴史は生き残った勝者によって語られ、葬り去られた敗者は語ることを許されない。勝者の改悛《かいしゅん》と敗者との和解によって新たな歴史が築かれ、そこで築かれた文化を私たちは母国語のように自然と身につけていく、それもまた無自覚に。

ある地域の文化を生きる者はそれがあまりに生活そのものと密着していて自然であるがゆえに、その意味を問う必要はなく、自らの文化や歴史に対して無頓着である場合がほとんどである。自らの文化を自覚しなおし価値を見出さない限りは自身の手によって自らの文化が失われていく。

私たちの社会はいまだかつてない、すべてが人工的にオートメイトされた近代テクノロジー中心の形態になりつつある。その社会《ディストピア》の中でいかにして文化を途絶えさせないでいられるかが問われている。

## 教育とは学ぶ者も教える者も常に命懸けで生命の意味を問うこと

古の時代のように土地にある文化が地続きで代々脈々と残っているなら本来資本やテクノロジーなどで手を加える必要はなかった。いままでは、その自覚なき継承を後世へと伝えていたからこそ文化と歴史が途絶えることなく形成され続けてきたのである。古の時代に戻れないことは重々わかっている。その上でいかに社会形態が変わろうとも忘れてはいけない生命《いのち》と生存《いきてゆくこと》の意味を文化というアイデンティティを通して考えなおす必要が私たち現代人にはあるように思う。

たしかに生きていることの生因はわからないものの、「生命はどこから来て、どこへ向かうのか」という問いと、その問いに対する内省によって人は人として生きていけるのではないだろうか？　このあたりは〝暗殺〟から生存することの意味に着目した『暗殺教室』の著者のセンスがうかがえる。そして本書の中で問われる〝生存〟の意味ともつながってくる。また〝生存〟する動機がどこからやって来るのかといった内省的体験を通じて自身を知ることは、「戦いの歴史」と「戦いの原理」への理解の深まりにもつながってくる。

戦いが自分の中でどのようにして始まり、行われ、終わりを迎えるのか。内省された答えに戦いの由来と「戦いの原理」が垣間《かいま》見えてくる。これは常に争い、生き残ろうとする私たちの本能から来る衝動なのかもしれない。しかし、自分がなぜ争いたいのかを知る力を人は持っている、そして争いたくない自分を知る力も持ち合わせている。それが生命の存在を知り得た人の力でもある。

生命の由来はわからないが、その生命を知り得た力を通じて人は生き延び、生き抜き、そして現に今日まで生きてきた。どのような環境におかれようとも自他の生命を自覚し、その存在を知り得た力で人は生存してきたと言える。ここに「自然界の生存」と人間の「社会的生存」の共通するところがある。

それを踏まえると、すべての教育は「自分が生きている理由と意味」という根源的な問題をまずは問い、学ぶところに始まると言えるだろう。そして教育する側は根本的な問いを自覚、体認しながら、学ぶ者と共に生きる意味を問い考えていく必要がある。

教育とは学ぶ者も教える者も常に命懸けで生命の意味を問うことにある。先人から託された教えを通じて自身と向き合う。命懸けで取り組むことを次世代へと受け渡していく。この行為こそが人類の「生存」と「教育」につながっていくのではないだろうか。

近年では今回取り上げた『暗殺教室』をはじめ、アニメの『サイコパス』や伊藤計劃《けいかく》の小説『虐殺器官』『ハーモニー』など、近未来の完全管理社会《ディストピア》を舞台にしながら現状の社会形態の問題と生存の意味をストレートに問いかける作品が増えてきていることは興味深い。現状の社会では、テレポーテーションやタイムトラベルなどを除けば、身体から離れた通信システムや管理システムといったSF的な領域はすでに実現されている。

人間の存在意義が以前にもまして問われ、SFがSFでなくなりつつある現状が目の前に迫ってきている。それはいまの社会で人間が人間であることを改めて考えなおし、教育、武術を問わずなにかを通じて、一人ひとりが現状の問題に気づいていくしかないことの証ではないだろうか。そうした問題を正面から問うことのできる世の中になれば、みなが少しは生きやすくなるのではないかと思う。

内田樹先生との対談を通じて改めて「人間によって形成された完全管理社会《ディストピア》の中で生きることの難しさ」を知った。同時に「生命は管理できない」ことや「生命や身体という概念には生命がない」ことにいままでとはまったく別の視点で気づかせていただいた。内田樹先生をはじめ、本企画を実現に導いたみなさまに感謝したい。

また、最後に私のことをこのように育んでくれた両親と、常に安らかな一時を与えてくれる妻・黄と長女の千慧、長男の和泰に感謝したい。そして私の武術の師である韓競辰老師と天から我々を見守ってくれているであろう先師、韓星橋老師には長年御教授いただいたことへの感謝の意を此処《ここ》でお伝えしたい。また、内田樹先生と私との縁を結んでくださった甲野善紀先生にはお世話になり過ぎていて感謝しきれないほどである。最後に今回の著書で多くの整体用語を使わせていただいたことには身体教育研究所所長、野口裕之先生および二代目の野口晋哉先生に改めて感謝の意をお伝えしたい。

構成／尹雄大
撮影／三好祐司
扉デザイン／MOTHER

**内田 樹**（うちだ たつる）

一九五〇年東京都生まれ。神戸女学院大学名誉教授。思想家・武道家。著書に『先生はえらい』（ちくまプリマー新書）、『困難な成熟』（夜間飛行）、共著に中田考との『一神教と国家 イスラーム、キリスト教、ユダヤ教』（集英社新書）他多数。

**光岡英稔**（みつおか ひでとし）

一九七二年岡山県生まれ。日本韓氏意拳学会会長。国際武学研究会代表。多くの武術・武道を学び十一年間ハワイで武術指導。共著に内田樹との『荒天の武学』（集英社新書）、甲野善紀との『武学探究』『武学探究 巻之二』（冬弓舎）等。

# 生《せい》存《ぞん》教《きょう》室《しつ》 ディストピアを生《い》き抜《ぬ》くために

集英社新書〇八一六C

二〇一六年一月二〇日 第一刷発行

著者……内田《うちだ》 樹《たつる》／光岡《みつおか》英稔《ひでとし》

発行者……加藤 潤

発行所……株式会社集英社

東京都千代田区一ツ橋二-五-一〇 郵便番号一〇一-八〇五〇

電話 〇三-三二三〇-六三九一（編集部）
〇三-三二三〇-六〇八〇（読者係）
〇三-三二三〇-六三九三（販売部）書店専用

装幀……原 研哉

印刷所……大日本印刷株式会社 凸版印刷株式会社

製本所……加藤製本株式会社

定価はカバーに表示してあります。

 ISBN 978-4-08-720816-0 C0210



Printed in Japan

a pilot of wisdom

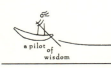